# 再見，世界工廠

## 後QE時代的中國經濟與全球變局

王伯達——著

推薦序

# 紅色中國崩潰在即！

吳惠林

美國QE（量化寬鬆）政策漸進退場已成定局，新興經濟體資金愈來愈緊俏也成共識，金融資產泡沫破滅近在眼前的聲音也愈來愈響亮。其中，紅色中國是最大泡沫愈來愈受到注目，連就在二〇一四年～二〇一五年初的確切日期也被明白提出，而且會持續十年大蕭條。這不禁讓我想起二〇〇一年章家敦的《中國即將崩潰》，十多年之後是否就要實現了呢？

## 又聞中國崩潰

當年章家敦的立論是「中國四大國營銀行的壞帳已經高到不能維持的地步，早晚走向崩潰一途」，但迄今中國沒有崩潰，是否意謂章家敦的預測錯了呢？不要忽略章家敦說的是「即將」「早晚」，並未明確指出日期，且十多年的時間其實並不長，而中共中國是共產極權，它利用高存放款利差的政策，奪取人民存款該有的利息收入以補貼金融業的虧空，這種打消呆帳的作法在歐美民主國家無法「長期」執行，因爲執政者會被趕下台，但在共產中國，爲國犧牲一些利息收益被認爲合情合理。問題是：如此作法能維持多久？

二〇〇八年金融海嘯出現，該年十一月中共推出四兆人民幣刺激經濟計劃，引出瘋狂大借貸，產生畸型的地方「城投債」，房貸與一般企業放款產生的房市泡沫成爲揮之不去的夢魘。這是本土趨勢投資家林洸興在二〇一一年的觀察，他當時認爲二〇一二年這顆超級炸彈就會引爆，二〇一二年過去了，不但不見爆炸，「世界末日」的馬雅預言也未實現。不過，危機解除了嗎？

同樣在二〇一一年，鄧特公司（HS Dent）出版了《大崩壞就在眼前》（*The Great Crash Ahead*），鄧特二世（Harry S. Dent, Jr.）指出：「最後一個泡沫在中國，由於其政府一手促成的超大資本投資，製造了一個極端龐大的房地產泡沫和高度過剩的住宅、基礎建設和工業產能，到了二〇一二年初，歐洲經濟走疲的影響將擴散到美國，並開始對中國造成衝擊，由中國政府主導的那個泡沫也將會破滅。」

他在二〇一四年一月再出版《二〇一四年～二〇一九經濟大懸崖》（*The*

*Demographic Cliff : How to Survive and Prosper During the Great Deflation of 2014~2019*）新書中，一再警告我們：「當其他經濟學家、分析師告訴你，我們終於出現長久復甦——千萬不要相信他們！」而且他還透露「二〇一四年～二〇一九年的大通貨緊縮是有生之年最嚴重的衰退、最深的低谷」。

## 中國大泡沫就要破滅

鄧特二世認爲，中國泡沫可能是現代史上最大的政府驅動型泡沫，而它的崩潰也勢將創下新紀錄。要消化這個過度投資的惡果，可能得花上十年以上的時間，但到時候，中國又將掉落人口統計趨勢斷崖，所以，它可能永遠都無緣成爲世界最大的經濟體，中國的氣數即將告終。

關於「中國大泡沫即將爆破」這個最近又被熱議的課題，會不會又像放羊的孩子「狼來了」子虛烏有呢？青年作家王伯達這本《再見，世界工廠》給了我們非常可靠、清楚、明白的解析。本書和他先前《民國一〇〇年大泡沫》（二〇一〇年）和《美元圈套》（二〇一一年）合成三部曲，這本是總其成。

在首部曲中，王伯達提出「外匯存底的詛咒」，精準明白點出金融資產泡沫的形成及破滅，並指出「強制貶值」政策是禍首；第二部曲則輔以豐富的數據和圖表，清晰解說美國將繼續強大的前因後果，將歷史經驗、石油美元、糧食美元、網際網路產業發展、生產力提升等種種標示「美元不可能下落」的因素，以及兩岸如何振衰起弊，娓娓道來。《再見，世界工廠》則述說中國經濟改革以來的完整故事，眼看樓起、樓崩，而龐大外匯存底的積累就是最根本的引信。在這本書中，王伯達放大格局，用基本經濟學理和大量資料，由政治、軍事、產業和經濟各個面向，將國際經濟局勢變化中的中國經濟演化做出很精闢的分析和預測，文字洗鍊、言簡意賅，一般人都能看懂。

## 通貨緊縮不是壞事

最值得稱許的是，作者將「通貨緊縮」這個被負面解讀的現象予以平反，並將生產供給面是根本，而寶貴資源的有效使用才是王道，以及儲蓄才能有明天的消費，用精彩的說故事方式寫了出來。對於中國世界工廠已是明日黃花、房地產金融大泡沫即將被刺破、大蕭條隨之而來的來龍去脈剖析得讓人不忍放下書。對於仍然大力被馬政府引領與中國經濟緊密聯結，以及對人民幣狂熱的台灣人民，本書是暮鼓晨鐘，很有必要詳細閱讀，並做出理性正確的判斷。

本書以一九三〇年代經濟大恐慌之後美國的再崛起，以及日本在泡沫破滅後二十年來一直昏睡的經驗，評斷中國經濟破滅之後如何再起，冀望李克強的開放政策之落實。這是否會是奢望，由「和諧」兩個字的解讀可見端倪，「和」者「禾」和「口」之組合，意即「人人有飯可吃」，而「私產自由經濟體制」的社會就是如此，「諧」字由「言」和「皆」兩個字組成，意思是「人人有說話的自由」，這是「自由民主社會」裡才有的景象。

中國雖朝自由經濟私產前進，但還差很遠，而自由民主則是遠在天邊；或者由「政府角色」的角度來看，經濟干預政策退場，政府職責放在「創造並維護一個公平公正安全和諧的投資生活環境」是首要之務，期待王伯達下一本書以此爲主題落筆。

（本文作者爲中華經濟研究院研究員）

推薦序

# 極具可讀性的驚艷之作

陳冲

在今年二月中旬前，我從未見過本書作者，但並不意謂我不認識王伯達。多年來，以讀者的身分，透過伯達兄膾炙人口的著作《民國一百年大泡沫》《美元圈套》，以及《預見未來》，早已見到其人在經濟學及金融市場的深厚功力，書中所觸及的關鍵論點，每使我「於吾心有戚戚焉」。

過年期間利用空閒閱讀伯達兄另一大作《誰把台灣經濟搞砸了》，依然是文筆流暢、深入淺出，其風格、見識超越其年齡應有的成熟，也運用了不少《預見未來》所介紹的方法論。年後機緣湊巧，透過友人介紹，得與伯達一談，果然聞名不如見面，見面更勝聞名。沈穩練達、見解不俗，愈增欽佩，方知何謂英雄出少年。

日前先覺出版社轉來伯達兄新著《再見，世界工廠》一書，並邀為文推薦，雖時間緊迫，但因累積閱讀相關大作的經驗，得以迅速消化其理念。本書由美國「重返亞洲」的國家戰略及量化寬鬆的調整切入，再由日本及亞洲新興國家興替的經驗觀察中國大陸世界工廠的「崛起」「浮誇」「泡沫」各階段，以及可能的「破滅」，再就破滅後的機會與挑戰進行詮釋，極具可讀性。尤其作者採用大量數據、典故、學說，且生動援引不少電影、故事，引人入勝兼又發人深省，讀過伯達兄以往四本大作的人，固可再次驚艷；未讀過其著作的人，亦可藉本書的整理歸納而不致有憾。故願誠意推薦，盼閱者受惠。

（本文作者爲總統府資政、東吳大學法商講座教授）

CONTENTS

CONTENTS

C O N T E N T S

CONTENTS

前言
# 新冷戰再起

一九七八年，是中國的改革開放元年，也正巧是我出生的那一年。中國在這一年還只是一個人均國內生產毛額一五五美元的開發中國家，相對來說，台灣的人均國內生產毛額在這一年已經來到一、五九九美元，並與香港、南韓，以及新加坡並列爲亞洲四小龍。

三十六年過去了，現在的中國已經是全球第二大經濟體，擁有全世界最多的外匯存底，以及最高的製造業產值，更有許多的研究機構預估，再過十幾年，中國很可能就要超越美國，成爲全世界最大的經濟體，而中國的人民幣也被認爲是最有可能挑戰美元國際儲備貨幣龍頭地位的貨幣，現在的中國無疑是美國這個世界霸權的頭號挑戰者。

只不過，這樣的預言會否實現呢？

關於這個問題的答案，我們需要將時間倒回中國的改革開放初期，因爲在那個時候，美國在經濟、政治與軍事上，也同樣遭遇了其他國家的強力挑戰。

一九八〇年代是個兩極的世界。全世界兩大經濟強權是美國與日本，他們的人均國內生產毛額分別達到一〇、二二五美元與八、六七五美元；而全球在政治上則是分別出現了以美國和蘇聯爲首的兩大陣營冷戰局面。

一九八〇年代的日本，工業競爭力優異，人均國內生產毛額在一九八七年已經超越美國。哈佛大學教授傅高義（Ezra Vogel）在《日本第一》這本書中寫道，日本在未來將會取代美國在全世界的經濟主導地位。相對來說，當時的美國則深陷停滯性通膨，失業率接近二位數字。只不過傅高義這日本第一的預言從來沒有實現，現在的日本經過一九九〇年的資產泡沫之後，反而與美國的差距越拉越遠，再也沒有人提起過日本第一這件事。

一九八〇年代的蘇聯是美國政治上的主要對手。他們在八〇年代以前，靠著石油經濟得以維持其社會主義經濟模式，但美國在八〇年代開始拉攏沙烏地阿拉伯，並成功說服他們增產石油，以抑制國際油價。這樣的作法一方面緩解了美國國內停滯性通貨膨脹的問題，另一方面，也等於是奪走蘇聯賴以維生的經濟命脈。蘇聯的石油經濟失效之後，在很短的時間內就面臨的經濟上的困境，過去奉行共產主義的盟國們陸續倒戈，最終曾與美國分庭抗禮的蘇聯只得宣布解體。

日本的資產泡沫在一九九〇年破滅；蘇聯則是在一九九一年解體，冷戰宣告結束。美國在經濟、政治與軍事上的兩大對手在短時間內相繼瓦解，一九九〇年代最終成爲美國獨大的世界，美國在這十年間迎來近代最長的一段經濟榮景。一九九〇年一月，道瓊股價指數爲二千七百多點，然而，十年之後，道瓊指數在一九九九年則是來到了一一、五〇〇點的水準，漲幅三二五%，代表科技股的那斯達克指數漲幅更是高達九五〇%。

只不過到了二十一世紀初期，美國獨大的局面再度被打破，中國成爲最新的挑戰者。美國的網路泡沫在二〇〇〇年破滅；二〇〇一年，美國發生九一一事件，中國加入世界貿易組織，高盛出具「金磚四國」報告，正式開啓了金磚年代，或者說得更爲明確一點，其實是中國的年代。

現在的中國取代了八〇年代的蘇聯及日本，成爲美國在經濟、政治與軍事上的主要對手。雖然相較於改革開放初期，現在的中國在世界上已經具有舉足輕重的地位，然而，現在的他卻也與當年的蘇聯及日本一樣，面臨了相同的問題。

美國前國務卿希拉蕊在二〇一一年十一月於《外交政策》（*Foreign Policy*）雜誌上，發表一篇名爲〈美國的太平洋世紀〉（America's Pacific Century）的文章。這篇文章明確指出，爲了維持美國在世界事務中的領導地位及利益，在今後的十年中，美國必須把更多的時間和精力放在亞太地區，在外交、經濟、戰略和其他重要領域增加對亞太地區的投資，並將這樣的策略方向定調爲「轉向亞洲」（Asian Pivot）。

二〇一二年六月，時任美國國防部長的帕內塔（Leon Panetta）在第十一屆亞洲安全會議上提出了「亞太再平衡」（Asia-Pacific Rebalance）戰略。表示將會優先將新式武器布署在亞太地區，以保持美軍的優勢，同時，到了二〇二〇年亞太地區的海軍布署占全球比重，將會由目前的四〇%提升到六〇%。自美國開始表示要轉向亞洲以後，西太平洋周圍的國家，包括日本、南韓、菲律賓、越南等國便分別與中國發生衝突，而美國則是陸續增加包括澳洲、新加坡與菲律賓的駐軍活動。

兩個大國間的這種軍事包圍與聯盟，很難不讓人聯想到美國與蘇聯的冷戰，而如果說美國最後是因爲扼住了石油——這個蘇聯的經濟命脈而使其解體，那麼，現在中國所應當留意的經濟命脈應該就是製造業了。

美國自二〇〇九年起，便持續的在人民幣的匯率上做文章，他們認爲中國刻意壓抑人民幣的匯率是一種不公平的貿易競爭行爲，藉此來迫使人民幣升值，在那之後更是在多種中國製造產品上進行反傾銷和反補貼調查，並課徵高額的關稅，這麼一來，中國製造的商品價格就因此被墊高了。

另一方面，正如同當年美國拉攏沙烏地阿拉伯，藉以打擊蘇聯的石油經濟一樣。美國除了前述軍事同盟以外，在經濟上也開始拉攏中國的主要競爭對手。美國總統歐巴馬在二〇〇九年宣布將擴大《跨太平洋戰略經濟夥伴關係協定》計劃，之後則是持續擴大這個協定的影響範圍。亞洲國家中的澳洲、越南已經加入，日本與馬來西亞正在進行談判，而南韓、菲律賓、寮國、泰國，以及台灣則是表達了參加的意願。

這些國家加入《跨太平洋戰略經濟夥伴關係協定》計劃後，將可望取得經濟上的利益。例如，越南可能取得輸美紡織品零關稅的條件，而日本則是可能取得液態天然氣，以緩解福島核災後的能源危機。這些國家也會因此在經濟上與美國形成更爲緊密的關係，而該計劃中許多的參與國都是中國製造業的主要競爭者。

現在的中國，除了外部環境在政治、軍事與經濟上有如當年的蘇聯一樣被團團包圍之外，內部環境則是與一九八〇年代的日本一樣，出現了嚴重的資產泡沫。

世界銀行曾指出，已開發國家的合理房價所得比，約在一・八倍到五・五倍之間，而開發中國家的數據則在三倍到六倍之間。根據 numbeo 網站的資料，中國北京在二〇一三年的房價所得比爲三〇・一三倍，全中國房價所得比最高的城市則是深圳的三五・一四倍，這兩個城市的數據分別排名全世界第五與第三。近年來同樣因浮濫發行貨幣而導致房地產泡沫高漲的台灣，首都台北的房價所得比則為二七・五八倍，排名全世界第十名。

在房價租金比方面，根據 numbeo 網站上的資料，中國上海在二〇一三年的房價租金比為三七・〇二年，而全中國房價租金比最高的城市為北京的三七・九五年，香港九龍地區的房價租金比則是四六・八七年。台灣台北在二〇一三年的房價租金比為七六・二一年，位居全世界房價租金比最高的城市。以上述的房價租金比來估算，北京的房地產租金收益率約為二・六三五％，然而，其目前的房貸利率則是高達六％以上，而台灣的房地產租金收益率約為一・三一％，房貸利率則約為一・九五％。不論是從房價所得比或是房價租金比來看，中國的房地產都已經深陷在泡沫之中，而大量的資源投入房地產的結果就是實體經濟的疲弱不振，中國在二〇一三年的經濟成長率落到了八％以下，這是自一九九〇年以來的最低增長水準。

現在的中國雖然繼承了當年蘇聯與日本的頭號挑戰者的地位，卻也同時面對了相同的問題。相對來說，我在二〇一一年出版的《美元圈套》一書中，則是提到未來的美國很可能將再度迎來一九九〇年代的榮景。

如同馬克吐溫所說的：「歷史不會完全重覆，但有它一定的韻律。」似曾相識的場景又再度出現。美國會不會再度迎來輝煌的九〇年代？新興市場的金磚光芒是否已經褪色？中國的資產泡沫會否破滅？未來的中國會如當年的蘇聯解體？或是像日本一樣陷入失落的年代？又或者中國未來的改革開放，能夠帶來不同於過去挑戰者們的新局呢？

大國間的此消彼長，將會決定未來十年全世界經濟、政治與軍事局勢的發展，最終誰會在這場戰爭中勝出？身處其中的台灣又該何去何從？我相信在這本書裡，你將可以找到答案。

## 第 1 章

# 崛起，世界工廠

摸著石頭過河，最起碼少走彎路、少犯錯誤。

——— 出自已故中國前領導人鄧小平《改革是中國的第二次革命》

中國自一九七八年的改革開放之後已經過了三十多年，而這段期間其所取得的成就是有目共睹的。根據美國經濟諮詢機構IHS在二〇一一年所提出的一份報告顯示，中國的製造業產值在二〇一〇年占全世界比重爲十九．八％，略高於美國的十九．四％，在這一年，中國正式超越美國成爲全世界最大的製造基地，奪回了他失去一百五十年的製造業霸主地位。

現在的中國已經是全球第二大經濟體、擁有全世界最多的外匯存底，以及最高的製造業產值，更有許多的研究機構預估，再過十年，中國很可能就要超越美國，成爲全世界最大的經濟體。

中國之所以能夠在這麼短的時間內取得如此驚人的發展，其實並不是什麼奇蹟，也不是這個國家所獨有的經濟型態。事實上，就如同鄧小平所說的：「中國的經濟改革是摸著石頭在過河。」他的發展模式基本上與鄰近東亞國家的發展並沒有太大的差異性，我們從他的崛起過程中，隱約可以看到日本、南韓，甚至於台灣過去的發展軌跡。若只有一億多人口的日本在二十多年前能夠挑戰美國的經濟霸主地位，那麼，循著同樣路線發展，人口與資源是日本數以倍計的中國能有現在的成就，其實並不會那麼的令人意外。

若要以一句話來概括東亞這些經濟體的發展過程，我認爲那應該就是「自由開放」了。這些經濟體在發展的過程中，逐漸實踐了貿易自由化、利率自由化，以及匯率自由化等等開放措施，而這些開放措施有助於資源的分配與運用，也使得這些經濟體的發展更有效率，生產力持續提升，最終才能夠帶來豐碩的果實。

我們如果回過頭去仔細看看中國近三十多年來的經濟成就，就會發現這個國家之所以能夠有這麼驚人的發展，就是因爲他在改革開放之後逐漸與這個世界接軌，而不再是像過去那樣自絕於外的封閉體系。三十多年前在鄧小平主導下決定走向開放的中國，在三十年後已經崛起成爲新一代的世界工廠了。

## 一九七八年改革開放

以一九八〇年的數據來看，中國廣東省的國內生產毛額爲一六七億美元，同一年度台灣的國內生產毛額爲四二二億美元；若以人均國內生產毛額來看，廣東省只有二二〇美元，台灣則是二、三八五美元，超過廣東省近十倍。如果把廣東當成一個國家的話，這一年的國內生產毛額總值大約是排名全世界第五十八名，介於厄瓜多與剛果兩個開發中國家之間。

三十多年過去了，廣東省目前是中國國內生產毛額總量最高的省份。以二〇一二年的數據來看，該省的經濟規模已經達到九、〇四〇億美元，同一年度，台灣的國內生產毛額爲四、七四三億美元，若以人均國內生產毛額來看，廣東省已經提升到八、七五〇美元，而台灣則是二〇、三八六美元，領先幅度縮小到只剩下一・三倍。在二〇一二年，廣東省的經濟規模已經前進到全世界第十六名，落後於南韓的一・一六兆美元，排名次一名的，則是印尼的八、七八二億美元。

不論是與其他的經濟體相比，或是就廣東省自己的成長速度來看，上述的成就都是相當驚人的。廣東做爲中國改革開放中第一個成立的經濟特區，這些年來的發展實際上就是中國的縮影，也因此談到中國的改革開放及世界工廠的崛起，我認爲應該由廣東經濟特區的設立開始。

## 從混亂到重建

在改革開放之前，中國其實經歷了一段相當長時間的混亂。

中國的第一個五年計劃開始於一九五三年，從那個時候起，中國便持續的以五年爲一個經濟計劃週期，到了二〇一〇年已經啓動了十二五，也就是第十二個五年計劃了。

第一個五年計劃在一九五七年完成後，次年開始了第二個五年計劃。當時的中國領導人毛澤東爲了加快社會主義建設速度，因而在第二個五年計劃當中推行了「三面紅旗」等主要工作，包括社會主義建設總路線、大躍進與人民公社，而這三面紅旗的實驗結果則是徹底證明計劃經濟最終必然會走上絕路。

以大躍進來說，毛澤東冀望中國在一九五八年的鋼鐵產量能夠較前一年的五三五萬噸翻一番，也就是增加一倍，到了第二個五年計劃結束的一九六二年後則是要達到八千萬噸。毛澤東之所以會如此執著於鋼鐵的產量，應與列寧於一九一六年所著的《帝國主義是資本主義的最高階段》這本書中的描述有關，在該書中提到資本主義最主要的部門是煤炭與鋼鐵，鐵路則是這兩個部門的綜合體。若計劃經濟能夠在鋼鐵產量上勝過市場經濟，也就意味著計劃經濟是相對較爲優異的制度。

只不過這樣的計劃想當然爾不會成功。首先，中國當時的生產技術落後，根本不可能在有限的資源下迅速增加鋼鐵生產量，此外，如果中國的市場上沒有這樣的需求，生產出這麼多的鋼鐵要做什麼呢？也因此這樣的計劃必然造成社會資源的扭曲與浪費。

中國當時唯一擁有的資源就是大量的勞動力了，數千萬的農民被徵召進入大煉鋼廠，以各種土法煉鋼的手段試圖達成上述目標。如果你在網路上搜尋，應該可以找到當時各種傳統煉鋼方法的歷史照片，以及寫著「以鋼爲綱，全面躍進」這類的宣傳標語。然而，大量農民被徵召煉鋼的結果就是造成農作的荒廢，而煉出的鋼鐵又不堪使用，最終爆發了自一九五九年到一九六一年的全國性大饑荒，而這三年間，則被中國官方認定爲「三年自然災害」。

在社會主義的計劃經濟模式發生嚴重錯誤之後，當時中國領導階層出現了一些檢討的聲浪。保守派勢力認爲這樣的聲音是資本主義的反撲，因而開始了社會主義的思想再教育，這就是一九六六年開始的「文化大革命」，而接下來十幾年在中國所發生的事情，幾乎就是喬治·歐威爾筆下所描述的《一九八四》翻版。

文化大革命持續了十多年，直到毛澤東於一九七六年九月逝世，而以其夫人江青爲首的「四人幫」在次月遭到逮捕後，在一九七七年的中國共產黨第十一次全國代表大會上，當時的中國領導人華國鋒終於宣布文化大革命結束。然而，華國鋒在領導能力上是比不上當時的鄧小平，因此到了一九七八年的中國共產黨第十一屆中央委員會第三次全體會議上，鄧小平成爲中國的實質領導人，也揭開了中國改革開放的序幕。

## 廣東經濟特區

一九七〇年代正是石油危機的時代。第一次石油危機發生於一九七三年，第二次石油危機則是在一九七九年爆發，這讓在一九六〇年代於西伯利亞發現大量油田的蘇聯有了充裕的資金來源，並得以用來掩蓋其社會主義在經濟發展上成效不彰的問題，然而，採取類似經濟制度的中國可就沒那麼幸運了，因爲中國一直以來都是個天然資源相當稀缺的國家。

中國當時唯一擁有的就是大量的勞動力了，因此便開始思考如何利用中國充裕的勞動力來做加工出口，並賺取外匯用以購買外國技術與設備，做爲未來進一步發展的基礎。

當時的廣東省委第一書記習仲勛，也就是中國目前最高領導人習近平的父親。在上任之初遇到了許多中國人民經由非法管道逃往香港的情事，雖然有嚴格的法律與邊境管制，但他認爲把經濟處理好才是杜絕逃港事件的根本工作，因此提出了經濟特區的概念。這個概念在一九八〇年正式獲得法律地位的認可，北京當局批准了《廣東省經濟特區條例》。

特區成立之後便開始招商引資，鄰近的香港自然就成了資金、人才與技術最主要的來源。當時的香港已經是國際金融中心及亞洲貨物轉運站，然而，在製造業方面卻因爲土地有限、勞工短缺等問題而漸漸失去競爭力。因此廣東經濟特區的成立與當時逐漸走下坡的香港製造業可說是絕佳的互補，而占著天時、地利與人和的廣東也就這樣開始了快速的成長。由於改革開放具有優異的成效，因此到了一九八四年時，中國國務院決定進一步開放中國沿海的十四個港口城市。

除了在經濟特區的發展之外，當時的中國仍處於糧食嚴重不足的狀態，最主要原因便是前述三面紅旗中的人民公社制度。這讓中國政府除了在一九八〇年開始執行一胎化的計劃生育政策之外，也開始思考如何增加糧食的產量。時任安徽省委第一書記的萬里，提出了所謂「包產到戶」的概念，也就是讓農戶可以保有作物超額產出的部分，並在市集上出售，藉此分享超額產出的利潤。這與人民公社時代吃大鍋飯的作法是完全不同的，農民將會因此有高度的誘因去改良生產方式、技術來增加生產量。雖然這一度被認爲是在向資本主義靠攏，但這樣的作法確實解決了饑荒的問題，也因此後來還是將包產到戶制度推廣到其他省份。

「包產到戶」實施之後，讓中國的糧食增幅在一九七八年至一九八五年間達到建國以來的最高峰。當糧食作物出現大規模增長之後，農民便可以選擇種植其他的經濟作物，例如棉花、菸草等；而糧食作物的增加，也代表著能將部分的糧食做為飼料，因此畜牧業與養殖業也開始發展起來，這個時候的中國已經逐漸擺脫糧食不足的困境。

當糧食的問題獲得初步的紓解，中國便不需要那麼多的農民，這讓更多的民眾有能力生產出多樣化的產品。例如，公社制度取消後，這些工廠便轉變為鄉鎮政府管轄的鄉鎮企業，而各式的服務業也應運而生，成為所謂的「個體戶」，這些多樣化的經濟又將中國的改革開放推向另一個高峰。

## 一九八八年通貨膨脹與六四天安門事件

中國這個經濟體一向有「一管就死，一放就亂！」的現象，改革開放的過程也不例外。在改革開放初期，中國有著嚴重的財政赤字，政府必須透過增發貨幣的方式來彌補國庫虧損，也因此貨幣發行量開始大量增加。此外，經濟活動的快速發展及基礎建設需求，讓各種原物料價格快速上揚，通膨問題蠢蠢欲動，因此中國便在一九八五年開始壓縮各種基礎建設與信貸規模，讓物價得以受到控制。

一九八六年為第七個五年計劃的第一年，由於之前的價格管控情形良好，因此中國的政策又開始轉向積極成長，然而，這也埋下了新一輪通貨膨脹的隱憂。更重要的是，中國決定在一九八八年開始取消商品的價格管制，並試圖以市場機制來取代政府的訂價行爲。

這樣的思維並沒有什麼問題，因爲市場價格機制能夠導引資源的分配，什麼商品的價格高了，在利益的驅使下，自然會有人增加供應量來平抑物價，反之亦然。同時，價格市場化也可以減少貪汙腐敗的情事，例如若政府設定的價格過低，那麼願意提供商品的人必然不足，甚至有缺貨的可能，黑市與走私的狀況就會應運而生，成爲貪汙腐敗的根源。也因此從立意上來看，取消價格管制的政策方向並沒有什麼不妥。

然而，當時的中國領導層忽略了一些現實面的因素。首先，他們當時還不是一個具有高生產效率或有著良好交通運輸建設的經濟體，也就是說價格上漲與商品短缺問題恐怕不容易在短時間之內予以平衡，而中國民眾對於價格的開放也未有經驗。因此，當這樣的訊息一出，民眾們便紛紛將現金換成任何可以取得的商品，而屯積風潮更將物價持續的向上推升。根據統計，一九八八年的消費者物價指數較前一年上漲了一八．七五%，這是中國建國以來的最高上漲紀錄。

面對這樣超乎預期的發展，中國只能夠對開放價格管控一事急踩煞車，並且加大對於基礎建設與信用貸款的調控。「一管就死，一放就亂！」的現象在此展現無遺。

中國國內生產毛額年增率從一九八八年的一一．三％下降到次年的四．一％，到了一九九〇年更是只剩下三．八％。消費者物價指數年增率從一九八八年的一八．七五％，快速下降到一九九〇年的三．一％。眾多的基礎建設做到一半被迫停工，形成所謂的「半拉子工程」，而許多的鄉鎮企業與個體戶也在這個時候出現破產與倒閉，失業人數顯著增加。中國這次的調控雖然成功的抑制了名目物價，但也造成了經濟的硬著陸，民怨並沒有因物價的下降而減輕，而這也為後來的「六四天安門事件」埋下了導火線。

一九八九年四月，中共前總書記胡耀邦突然去世，由於其開明清廉的形象，加上辭職下台時飽受不實的批評，讓許多的學生與民眾在得知這個消息後，聚集於天安門廣場悼念，最後卻轉變成為抗議事件，也就是大家所熟知的六四天安門事件。

學生們之所以會有這麼大規模的抗議有幾個原因。

首先是亞洲各國在那幾年間掀起了民主化的改變。一九八六年二月，菲律賓的總統馬可仕與其妻子伊美黛因貪腐而下台，激起了東南亞各國學生群起抗議當時主導的威權體制。一九八六年九月，台灣的第一個反對黨，民主進步黨成立。一九八七年六月，南韓漢城爆發六月民主運動，盧泰愚發表了《六二九民主化宣言》，確立總統民選制度。這些鄰近亞洲國家政局的改變對於中國的民眾而言，是一種相當大的刺激，特別是對於大學生這類的知識份子。

另一個原因就是前述的通貨膨脹及經濟硬著陸了。如前所述，物價管控創造了貪腐與走私的空間，這已經讓一般老百姓對於政府有諸多怨言，而物價的放寬雖然是能做到減少貪腐的可能，但中國當時的生產效率並不足以應付如此急促的全面開放，物價的上漲再度讓民怨升高。管制政策的急踩剎車雖然平抑了名目上的物價，但實質上並沒有解決這個問題，反而因為經濟的硬著陸引發了大量失業人潮。

綜合這些內部與外部因素，讓中國的民怨與抗議聲浪升至最高點，最終因此爆發了六四天安門事件。

## 經濟制裁與愛國主義

事件爆發後，主要已開發國家紛紛對中國提出嚴正的批評與經濟制裁，而這對於改革開放後的中國無非是一大打擊，但中國政府卻也藉由外國對於中國的制裁與批評，重新形塑了民眾的「愛國主義」。

舉例來說，中國加入「關稅暨貿易總協定」（General Agreement on Tariffs and Trade, GATT）的過程受阻便被官方宣傳爲外國歧視中國的證據。另外，外國在批評中國處理少數民族及台灣問題時，也被官方指爲干涉中國內政。日本一些激進政客的言論更被拿來重提過去中國八年抗日期間的恩怨，但事實上日本在前述改革開放期間，對於中國的現代化給予很多的幫助。一九九〇年北京申奧受到抵制則是讓中國的愛國主義運動沸騰到最高點。

這樣的作法自然是希望能夠團結中國內部的意見，以消除六四天安門事件之後的官民對立現象，然而，卻也讓中國改革開放後的外交發展受到了挫折。當然，中國政府必然知道這樣的作法無法長久，畢竟如何實現經濟的增長才是維持社會穩定的根本，特別是在同爲社會主義體制的蘇聯於一九九一年瓦解之後，中國領導階層應該會有更深的體會。

## 蘇聯解體與《南方談話》

一九八〇年代，不僅在東亞出現了一連串的政治變革，同樣的現象也出現在歐洲。一九八九年系列革命始於東歐的波蘭，最終則是結束於蘇聯的瓦解，也象徵著冷戰時期的結束。

二次大戰之後，美國主導了北大西洋公約組織這個共同防禦體系，而蘇聯則是成立了華沙公約組織與之抗衡，全球進入了冷戰時期。然而，以蘇聯為首的社會主義陣營並無法持續在經濟發展上滿足人民的期待，以實現社會主義那烏托邦式的理想國。例如，蘇聯在史達林執政期間就發生數次的大饑荒，而前面提過中國在毛澤東時代的大躍進與人民公社也是極度失敗的案例，在這樣的背景之下，一些國家開始了政治轉型之路。

首先發難的是東歐的波蘭。在一九八九年六月四日，也就是中國六四天安門事件的同一天，波蘭舉行議會選舉選出首位非共產黨總理，並於該年底通過憲法修正案，改名為波蘭共和國。在那之後東歐各個原由共產黨執政的國家紛紛放棄一黨專制，柏林圍牆在一九八九年底倒塌，次年東西德正式統一。蘇聯則是於一九九一年十二月二十五日，在當時蘇聯總統戈巴契夫宣布辭職後正式解體，冷戰也因此結束。

在東歐發生鉅變的同時，中國正在處理六四天安門事件及其後續的效應。雖然鼓吹愛國主義得以暫時凝聚國家的向心力，然而，中國政府眼看著龐大的蘇聯在短時間之內分崩離析，他們很清楚的知道，如果沒有辦法帶給人民更好的生活，政權的穩定性絕對會受到挑戰，這不僅僅是經濟問題，更是政治的問題。

## 《南方談話》重拾開放路線

中國在一九八八年採取強硬手段讓經濟硬著陸後，較低的通貨膨脹率提供了中國另一個重啓開放路線的環境。

一九九二年，已經卸任的中國領導人鄧小平在中國南方各地做了一系列的巡視與談話。做爲中國改革開放的先行者，鄧小平自然不願意在卸任後就讓中國改革的腳步停了下來，更重要的是，一部分的輿論認爲，中國改革開放過快與一九八八年的物價開放，是導致六四天安門事件的原因之一，而這兩項都是鄧小平任內所主導的政策。如果無法持續證明改革開放是一條正確的道路，那麼不僅中國的成長將停滯，鄧小平個人的歷史評價也會有所影響。

鄧小平在南巡過程中所發表的一系列演講，後來被稱之爲《南方談話》，最主要的內容在於重申改革開放的重要性與具體成果，並且表示了「誰不改革，就得下台」這樣的嚴厲措辭。

這樣的訊息在主張開放的廣東與上海等地受到熱烈的歡迎與傳播，時任中國領導人的江澤民在面對權力尚未完全穩固的情況下，只得認同鄧小平對於改革開放的論述。一九九二年的中國共產黨第十四次全國代表大會，江澤民公開對鄧小平的改革開放政策予以肯定，並對於未來每年的經濟成長率訂下了八％～九％的目標，同時外國的經濟制裁也在這個時候逐漸緩和下來，中國這個國家再度邁出開放的腳步。

## 一九九三年匯改與新一輪通膨

如同本章一開始所引述鄧小平的講話，中國的改革開放一向是摸著石頭過河。一九九二年之後的重啟開放之路，同樣的也借鏡了東亞國家的發展過程，例如一九九三年人民幣的匯率改革即是一例。

在一九九三年的人民幣匯改之前，由於許多的物資與機械設備都需仰賴進口，因此在經濟開始發展的過程中，中國反而是處於經常帳逆差的。根據統計從一九八五年到一九九三年間，中國累積的經常帳逆差爲六十五億美元，如圖 1.1 所示，然而，中國在一九九三年底的外匯存底也不過是二一一・九九億美元而已，這個時期的人民幣匯價有著大幅貶值的壓力，也使得官方的匯率與黑市的匯價有著顯著的落差，當時黑市的匯價約爲一美元兌十元人民幣左右，而官方的匯價則是一美元兌五・七元人民幣。

一九九三年十月，中國國務院正式發布《關於進一步改革外匯管理體制的通知》，明確提出自一九九四年起推行以市場供需爲基礎的、單一的、有管理的浮動匯

**圖 1.1　中國在 1993 年前經常帳多呈現逆差**

中國 1985 年～1996 年經常帳數據（單位：十億美元）

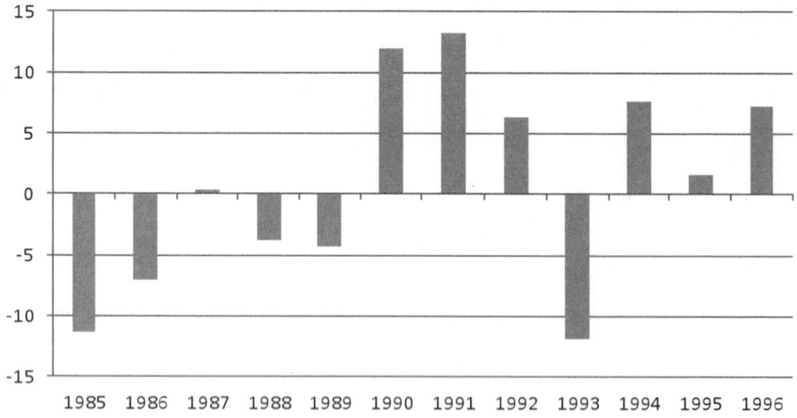


資料來源：中國國家外匯管理局（State Administration of Foreign Exchange）。

率制。人民幣匯率也在這個時候進行重估，人民幣匯價由五・七元兌一美元貶值爲八・七元，人民幣一次貶值了三三％。而這樣的貶值爲中國的出口帶來極大的競爭力，自一九九四年起，中國已經連續十九年實現經常帳順差了。

## 快速發展帶來新一輪通膨

一九九二年的《南方談話》確立了中國重啓改革開放的路線，一九九三年的匯改則是讓人民幣的匯率貶值到合理的市場價位，中國製造也因此在國際上開始有了一定的吸引力。在這樣的背景下，大量的基礎建設動工需要許多的原物料，而人民幣一次性的大幅貶值也帶來進口物價的上漲，這樣的過程爲中國帶來了新一輪的通貨膨脹。

一九九二年，中國的國內生產毛額年增率爲一四・二％，而一九九三年與一九九四年分別爲一三・五％及一二・六％，每一年都超過計劃中的八％～九％不小的幅度。這種過熱的經濟也帶來通貨膨脹的問題，一九九二年中國的消費者物價指數年增率爲六・四％，而接下來兩年則分別上升到一四・七％與二四・一％。

這時的中國政府對於一九八八年的經濟成長急踩煞車所帶來的硬著陸，及後續六四天安門事件仍然記憶猶新。因此在一九九三年對抗通膨時，除了同樣採取強制管控投資支出與信貸額度之外，中國也開始仿效西方國家採用貨幣政策來引導資金，將當時的存款與貸款利率都調升到一〇%以上。高利率吸引了市場資金回到金融體系，抑制過度投資貸放的問題。另外，開倉放糧以降低食品價格，及提高糧食收購價以鼓勵耕作等政策，也都起了一定的作用，這讓中國的物價水準開始回落，自一九九五年起，連續三年的消費者物價年增率分別為一七·一%、八·三%，以及二·八%，一九九七年甚至還開始出現了消費者物價年增率單月負成長的現象。

這樣的措施雖然有效的控制了通貨膨脹，卻也帶來一些負面效應。

高漲的利率水準、股市漲停板限制，以及調高交易稅等政策，最終讓中國股票市場在一九九五年出現了大幅度跳水現象，在那之後，中國政府更於一九九七年五月發布《關於嚴禁國有企業和上市公司炒作股票的規定》，這直接引發了股市暴跌，此後中國股市進入長達兩年的熊市。在房地產部分，中國政府頒布信貸緊縮規定，在提高市場利率並強制收回超額貸款等一系列緊縮下，當時漲幅最為瘋狂的海南房地產市場泡沫因此破滅。

對一個經濟體來說，股票市場或者房地產市場價格的修正，甚至於崩跌都不會是一種絕症。以美國爲例，除了一般所熟知的一九二九年大蕭條之外，一九八〇年代的儲貸危機、二〇〇〇年的網路泡沫，以及二〇〇七年的次貸風暴都無損美國執世界科技與經濟之牛耳的地位，因爲他們持續在創造新科技，並提升生產力，以促成下一個成長的契機。

中國在一九九三年的物價調控及一九九七年的股市和房地產調控也是如此，如果當時沒有即時控制泡沫的擴大，那麼資源的濫用及善後的成本將會更爲嚴重，適時的調控都是爲了往後的發展打基礎。

除了在金融市場的調控之外，在一九九三年期間成功讓中國物價回落的朱鎔基，到了一九九八年已經出任中國國務院總理，他持續的進行經濟體制與中央政府體系的改造，大幅度的削減政府規模，讓國務院的四十個部門減少到二十九個，政府人員減少了一半，同時也提升了國企的經營效率，提出了要讓國企三年脫困的目標。另外，更提出糧食流通體制改革、投資融資制度、住房制度、醫療制度，以及財政稅收制度等五項改革。這些都爲中國接下來在二十一世紀的前十年，也就是所謂的金磚時代打下了良好的發展基礎。

## 二〇〇一年中國入世與黃金十年

一九九七年時，除了中國內部的緊縮之外，外部則是有著亞洲金融風暴的威脅，到了一九九八年，中國的消費者物價指數年增率甚至出現了負值。當時的中國總理朱鎔基提出了中國將要準備好面對通貨緊縮，並以積極的財政政策與穩健的貨幣政策來提振經濟，將一九九五年間高達一二%以上的貸款利率，快速的調降到六%左右。除了貨幣政策之外，另一個能夠讓中國重拾成長道路的就是加入世界貿易組織了。

其實中國早在一九八六年就申請加入當時的「關稅暨貿易總協定」，卻遲遲未獲同意，而這也是當時中國在愛國主義宣傳中用來大作文章的一個事件。到了一九九四年，「關稅暨貿易總協定」已經由「世界貿易組織」（World Trade Organization,WTO）所取代，然而，直至二〇〇一年，中國才正式以第一四三個會員國加入世界貿易組織，這中間已經經過了十五年，而俄羅斯更是等待了整整十八年，才於二〇一二年加入世界貿易組織。

中國之所以亟欲加入世界貿易組織有以下幾個理由。

首先，中國在改革開放過程中一直受到保守派勢力的反彈。舉例來說，在前述一九九〇年代，許多民企開始快速發展，這不僅僅侵蝕了國企原本的市場地位，當然也減損了國企所能創造的職缺與利益。即便這樣的改革過程最終是讓整個中國生產力得以提升，並讓人民過著更好的生活，但這對於過去的既得利益集團來說，是亟不願意見到的。

因此，如果能夠加入世界貿易組織，就等於是用開放來帶動改革，延續中國在過去的改革開放路線。入世之後，中國的許多行業都必須遵守世界貿易組織的規範，也提供了一個合適的競爭環境，逐漸減少人治的成分，在市場經濟的推動之下，中國的生產力將會持續的向上提升。

第二，降低關稅限制之後，中國的民眾將會有更多便宜的商品可以選擇，這也在一定程度上降低了中國通貨膨脹的問題，從實際數據來看，中國在二〇〇一年入世之後截至二〇一三年爲止，再也沒有見過超過兩位數字的消費者物價年增率。

第三，對於中國來說，加入世界貿易組織等於是爲中國企業開拓一個廣大的市場。當時的中國並不具有高消費力與社會福利等條件，因此若仰賴國內貿易來推動經濟成長的速度將會相對緩慢，而出口擴張的模式讓中國或外資得以充分利用中國相對便宜的生產要素來快速成長，最終自然也能夠將利益回饋到民眾生活水準的提升上。

不可否認的，部分中國產業確實在入世之後遭遇了負面的衝擊，然而，這是調整結構的過程中必然會面臨的問題，就整體經濟的發展來看，加入世界貿易組織後的這十幾年來，對於中國及其民眾來說仍然是正面的。

以國內生產毛額總值來看，中國在二〇〇一年的規模爲一．三三兆美元，僅次於法國的一．三四兆美元，排名爲全世界第六名。到了二〇一二年，入世後的第十一年，中國的國內生產毛額已經來到八．二三兆美元，成長了五二三%，排名更是竄升到僅次於美國的全世界第二大經濟體。中國的人均國內生產毛額也從一千美元增加到六千美元，而若以製造業產值來看，更是已經超越美國，成爲新一代崛起的世界工廠。

## 中國爲什麼能快速成長？

中國自一九七八年起推動的改革開放路線無疑已經取得了亮眼的成績，然而，若從成長的速度來看，其實亞洲有許多的國家都曾比中國有著更爲快速的發展。

中國在一九七八年的人均國內生產毛額爲一五五美元，到了二〇一二年則是突破六千美元達到六、〇九一美元的水準，這中間總共花了三十五年的時間。台灣從一九六一年的一六二美元成長到一九八八年的六、一四六美元，花了二十八年的時間。南韓從一九六七年的一五七美元到一九九〇年的六、三〇三美元，則是花了二十四年的時間。

如果以中國人均國內生產毛額最高的江蘇省來看，在改革開放的一九七八年，其數據爲四三〇美元，到了二〇一二年則是達到了一〇、八二七美元，總共花了三十五年的時間突破一萬美元的關卡。台灣的部分，自一九七一年的四四七美元到一九九二年突破一萬美元達一〇、六二五美元，共花了二十二年。南韓從一九七三年的四〇四美元到一九九五年的一一、七三五美元，則是花了二十三年。日本則是早在一九八一年就已經達到人均國內生產毛額一〇、一八一美元的水準。

我們從上面的數據可以發現，包括台灣與南韓在內的部分亞洲國家，其實在過去都曾經取得比中國更快的成長速度，而日本在二〇一二年的人均國內生產毛額已達四六、七三六美元，排名全世界第十三名，相對來說，整體經濟規模已經超越日本的中國，人均國內生產毛額僅有六、〇九一美元，排名全世界第八十六名。

上述這些數據並不是認爲中國這些年來的成長與進步不值得肯定，相反的，中國在不同於其他國家的政治體制之下，主張改革開放的勢力還能取得這樣的成果，已經是相當值得讚賞的。但前述的數據也說明經濟的快速增長並非是中國獨有的模式，這些國家其實一直以來所採取的是相當類似的發展途徑，也就是本章在一開始引述鄧小平所說的：「摸著石頭過河。」而這樣的發展過程其實所依據的理論，從來都未曾脫離經濟發展的基礎。

## 生產與儲蓄才是成長的基礎

絕大多數開發中國家在發展初期時，農牧業會是這些國家的主要經濟活動，因爲人類最基本的需求就是求得溫飽，而在農業生產力尚未大幅提升之前，多數人都必須爲著自己所需的糧食來勞動，這對一個封閉的經濟體系來說更是如此。我們接下來將用簡單的原始部落經濟模型，來說明中國經濟在改革開放後的這三十幾年來爲什麼能夠獲得快速的成長。

假設今天有個以狩獵維生的原始部落，他們以獵兔維生。當然，眞實的生活中並不會有「守株待兔」這樣的事情發生，爲了求生存，部落裡的每個人都必須使盡全力才能求得溫飽。在這部落裡面，每個人要花上一整天的時間才能抓到一隻兔子，這個數量也就剛好能夠滿足一個人一天的需求。這樣的日子雖然衣食無虞，但也忙碌無比，因爲每個人每天都要爲了自己的那一份食物付出汗水。

有一天，部落裡的王二決定不再過這樣無趣的生活，因爲他不想要每天的努力只是爲了圖當日的溫飽，假設未來他一天能夠創造兩天份的食物，那麼他就有多出來的時間可以做更多事情。於是他開始花時間研究狩獵工具的製作，但當他把時間花在工具的製作上時，就沒有時間去準備自己的那一份食物，也就是說王二犧牲了目前的消費水準，目的是爲了打造工具，使未來的生產能力得以提升。

這樣的過程自然是充滿風險的，因爲王二很可能什麼都做不出來，或者做出來的工具根本不堪使用，那麼這段期間他就得白白挨餓了。然而，爲了能讓故事繼續下去，我們就讓王二幸運的打造出一個能夠獵捕更多兔子的工具吧。

在這之後，王二每天都可以捕獲一隻以上的兔子，所以他有了相對充裕的食物，這麼一來，王二可以決定一天吃兩份食物；或者維持原來一天吃一份食物的生活，但現在他只需要兩天打獵一次就可以了，多出來的一天他可以自由的做自己想做的事情，這讓他的朋友張三與李四看得十分羨慕。

張三與李四不像王二一樣可以忍受高風險，所以他們不想忍耐數天的飢餓來換取未來的產能成長。於是，他們分別向王二做了一項提議，張三說：「你借給我幾天的食物，讓我有能力去打造跟你一樣的工具，等我做好以後，我還給你雙倍的食物。」李四說：「你手上的工具賣給我，或者借我用，等我捕到獵物之後，我再還給你，並以一定數量的食物做為報酬。」

不論是張三或者李四的提議，其實對於王二來說都是利大於弊，因為為他所承擔的風險頂多就是張三的計劃失敗，最後還不出向他借的食物；或者，李四根本不會用這項工具或把他的工具毀損，所以最後也無法提供報酬。然而，這對於王二來說都只是短期的損失，因為他仍擁有創造工具與一天創造兩份食物的能力，假設未來張三或李四成功了，他還可以因此獲得一筆報酬。

當然，為了能讓故事繼續下去，我們仍假設張三與李四最終獲得了成功，也因此，在那之後部落中的三個人都有了一天創造兩份食物的能力，整個部落的經濟規模，也就是糧食產量增加了一倍。這時候王二決定創造更好的工具來狩獵，新的工具須要十幾天的工作時間，這段時間他是無法創造糧食的，而他也不可能像之前一樣光靠忍耐的方式度過這十幾天的飢餓，但現在的他已經有了充裕的存糧來做這樣的冒險，而當他完成了這個工具之後，新的工具將可以讓每個人一天可以創造出五人份的食物。

我們暫且將場景拉回到現代，這樣的經濟成長方式是不是與各位所認知，目前世界各國在推動經濟成長的模式有著明顯的差異呢？在我們的故事裡，「生產」才能創造經濟的成長，而「儲蓄」是投資新技術並提升生產力的基礎。不論是率先開發新工具的王二，或者後來跟進的張三與李四，他們都先因爲生產能力的增加，爾後才能夠消費更多的食物，然而，現代各國的政府卻是鼓吹用「消費」來促進經濟成長。

英國的帝國主義者艾默里（Leo Amery）曾說：「只有工業基礎強大的國家才會成功，擁有工業能力和科技發明能力的民族必將戰勝其他所有民族。」「戰勝」在現代來說是一個比較敏感的形容詞，然而，這樣的概念放在經濟學裡翻譯過後的語言，所指的就是工業能力和科技發明能力，是一個國家經濟成長的關鍵。

身爲英國人的艾默里想必對於英國的工業革命及其後所創造的大英帝國有很深的感觸，才會寫下這樣的言論。一七六四年，珍妮紡紗機（Spinning Jenny）由英國的紡織工人所發明，也揭開了工業革命的序幕，其他例如騾機、卷軸紡紗機、走錠精紡機等發明都讓工人們的產值大幅增加。然而，這些工具雖然增加了工人的產值，卻沒有解決動力來源的問題。過往紡紗機、織布機必須由水力驅動，因而工廠多半建造在河邊，但受河流水量的季節差異影響，造成生產不穩定，這就促使人們研製新的動力來驅動機械。一七八五年，瓦特的改良蒸汽機不僅僅改變了動力的來源，也為工業革命帶來了重大的變化。

由於蒸汽機的發明使得煤礦的需求大量的提升，然而，英國的煤礦大多產在山地與丘陵地，所以交通的便利性就成為必須解決的問題，不僅僅是為了原物料的運送，大量工業產品的運送也增加對於交通的要求，也因此英國便開始大舉修築運河、公路與鐵路。一八一四年，英國生產了第一部蒸汽機車，並運送貨物成功，到一八五〇年，英國鐵路總長度已經超過了二．三五萬公里。這樣大興土木的過程又再度刺激了原物料的需求，一時之間，英國的工業發展快速的進步中。

以蒸汽機做為動力，也改變了前述生產工具的製造材料，例如珍妮紡紗機原本是木製品，但若以蒸汽做為動力，就必須改為鋼鐵製的架構，這使得冶鐵的需求出現了大幅度的提升，反過來又進一步的帶動蒸汽機的需求，機器也越做越大，這樣又推動鐵的需求與生產。雖然英國工業革命是從紡織機開始的，但到了十九世紀前十年開始，重心就轉到冶鐵上，一八〇〇年左右，英國的煤和鐵的產量比世界上其他地區產量的總和還要多，一八五〇年時，英國的鐵產量超過了世界上所有國家鐵產量的總和；煤占世界總產量的三分之二，當時英國是世界上唯一的鋼鐵出口國。蒸汽機的發明不僅僅改變了動力的來源，更是改變了整個經濟運行的模式。

棉紡織業技術進步，使生產率大大提高，到了一八二〇年，操作紡紗機的工人產量已經是手工工人的二十倍，而動力紡紗機的產能則相當於兩百部手紡機的產能，使得產品價格也大大下降，一七八六年，英國棉紗每磅是三十八先令，一八〇〇年下降到九．五先令，一八三〇年又降到三先令，到了一八五〇年，英國的棉布產量占全球的一半以上。

然而，在工業革命之前，英國或整個歐洲其實是布料的進口國，當時的印度才是全世界布料的主要出口國。英國小說家，也就是《魯賓遜漂流記》的作者丹尼爾．迪福（Daniel Defore）曾寫道：「我們看到我們那些有身分有地位的人，個個把印度毛毯穿在身上。」這讓當時的英國開始驚覺並採行保護政策，限制進口數量並提高關稅。然而，最後還是在工業革命的帶領之下，提高本國生產能力，才使得一八三〇年以後，英國反而大量出口棉布到印度市場，讓該地成爲英國第二大出口地區。當時的英國不是靠著刺激消費，而是靠著科技來提升生產力，並用以創造經濟的成長及帝國的茁壯。

同樣的現象也發生在前述中國的改革開放期間，不論是「包產到戶」的農業改革、經濟特區的設立、鄉鎮企業，以及個體戶的蓬勃發展，這些制度都讓中國這個經濟體的生產力大幅度提升，並能夠生產出更多有價值的商品，爾後民眾的收入才得以提升並增加消費能力，也因此一個經濟體想要持續性的增長，生產能力的提升絕對是必要的因素。

## 光靠消費無法延續經濟的增長

若我們回顧二〇〇九年次貸風暴後的重振經濟活動，各個國家大幅度的降息，並推出各種刺激消費的政策，美國推出減稅計劃；中國有四萬億的刺激方案，其中家電下鄉、汽車下鄉都是鼓勵消費的政策；台灣也推出了所謂的消費券來刺激經濟的活絡；到了二〇一二年，南韓政府爲了因應逐漸下滑的經濟，也推出了超過二十億美元的減稅措施。我們可以發現，各國首先所注重的是「消費」，而非「生產」與「儲蓄」，然而，這樣注重消費的模式眞能維繫經濟的持續成長嗎？

試想，如果王二、張三及李四在一開始只是想著要消費更多的食物，這個部落的食物產量就會因此增加嗎？如果張三將王二用工具所創造那一份多出來的食物吃掉了，這個部落的總產值會因此增加嗎？當然不會，因爲沒有過去的儲蓄，就不會有現在的消費；而沒有過去的儲蓄，我們也沒有能力去投資任何能在未來創造產值的工具。不過，想要擁有儲蓄，我們就必須有超過每日生活所需的生產力才能做到。那些鼓吹著光靠消費可以刺激經濟的論點，只不過是寅吃卯糧的先挪用未來的儲蓄罷了，因而受害的則是未來要一肩扛起這些債務的年輕族群。

個人的儲蓄不僅僅對個人有實質上的助益，從整個社會的觀點來看也是如此。儲蓄者可以將他的儲蓄借給其他有需要的借款者，當借款者使用這些資金做出更有效的投資時，整體社會的產出就會再進一步的成長，儲蓄者也可以獲得一定的利息做爲報酬，故事中的王二將他的儲蓄借給張三和李四，讓他們去開發狩獵的工具就是如此。

當然，如果這個社會的儲蓄是用在無效率的產業補貼，例如太陽能、風電或面板這樣的產業、一些沒有生產力的公共建設或豆腐渣工程，那即便有再高的儲蓄與投資，也無法提升這個經濟體的產值，因爲這樣的投資最終並沒有再創造出任何有價值的商品，就如同張三向王二借了食物去製造工具，最後無法做出工具，也還不出食物來是一樣的意思。

事實上，只注重消費而不重視生產與儲蓄，就是歐洲主權債務危機與美國次貸風暴的主因，因爲他們在過去向未來透支了過多的福利，累積大量的債務，現在終於面臨還不出錢的窘境，所以必須開始縮減赤字與開支，老老實實的回去工作，努力生產。即便有這樣的前車之鑑，但很遺憾的，一些發展中的國家在近年來卻也模仿起歐美國家的模式，試圖透過擴張性的財政政策來推動經濟的成長，最終他們將會發現這樣的作法是徒勞無功的，已開發國家的債務危機很可能會重現在這些新興國家身上。

## 生產效率提升是成長的關鍵

如果生產是經濟成長的基礎，那麼想要維持經濟的持續增長就必須要提升生產的效率，也就是生產力。

英國的經濟學家羅賓斯（Lionel C. Robbins）曾爲經濟學下了一個著名的定義：「經濟學是一門研究人類如何運用各種具有替代性稀有資源的行爲。」

我們是生活在一個「資源有限」的社會，這裡所說的資源並不僅止於天然資源，舉凡人力、資本、機械設備，甚至於時間等都是所謂的資源。資源有限則是相對於人類的欲望無窮，如果資源是無限的，或者欲望是有限的，那麼其實就不太需要經濟學這門學問，因爲我們可以透過無限的資源去滿足所有人的所有需求，自然也就不需要去探討如何分配會最有效率了。

蘇聯的社會主義制度與計劃經濟的瓦解，或者毛澤東時代的大躍進，正是因爲他們無法有效率的分配並運用各項資源。在計劃經濟體系之下，是由政府來掌控各種資源與商品的生產量及價格，但現在的我們很清楚的知道這根本是不可能成功的制度。畢竟生活中的商品可能有數以百萬計，那麼，由與我們相同的凡人所組成的政府，要怎麼樣去判斷各種資源最有效的利用方式、訂定出合適的價格、生產出適當數量的商品，並且滿足每個人的需求呢？

在計劃經濟之下，我們可能會有堆滿整個店面的麵包，卻買不到任何一塊可以搭配的奶油；滿工廠的機器設備，但電力供給卻不足以開工運轉生產，或者像前述中國的大躍進時期，不僅製造了一堆不堪使用的鋼鐵，更引起數年的飢荒。

這是因爲所有的生產單位都是按照自己被給定的計劃生產，整個經濟體系長期處於某些產品供過於求，而有些產品供給過剩，如此則成了一種常態。供給過剩的商品也意味著部分資源並沒有被有效的利用，而是遭到了浪費，前蘇聯官方曾做過一項統計，他們所創造的每單位國民所得相較於美國來說，多使用了一・五倍的原料及二・一倍的能源，即便他們所消耗的資源遠超過美國，但其總產出值卻僅僅只有美國的八〇%不到而已。

一個國家的經濟要成長，其資源的運用效率遠比其是否擁有天然資源更爲重要。前蘇聯一直到現在都擁有豐富的天然資源，然而，在計劃經濟時期，其經濟成長率卻遠遠低於缺乏天然資源的日本、亞洲四小龍，或者現在的中國。許多富有天然資源的非洲或拉丁美洲國家，也都曾經因爲資源運用的無效率，而導致嚴重的通貨膨脹、飢荒與內亂頻仍的局面。既然先天的資源分配是無法改變的，而擁有資源與否也並非決定國家成長的關鍵，那麼一個國家或經濟體如何更有效率的利用資源，就成爲國家發展的重點，而這也正是經濟學長久以來所研究的問題。

相對於計劃經濟來說，市場經濟無異取得了較佳的發展結果。那麼，市場經濟是如何讓資源做更有效率的運用呢？其實很簡單，就是讓市場自己告訴我們，也就是透過價格的機制來告訴企業應該生產什麼？生產多少數量？用什麼方式來生產等。

所謂的價格並不僅只是商品的標價而已，它背後所隱含的意義是這項商品的需求與供給的平衡點。以前述的麵包與奶油爲例，如果市場上的奶油出現了缺貨的現象，那麼在價格機制運作之下，奶油的價格將不可避免的會出現大幅度的上漲，而這價格上漲的訊號將分別對生產者與消費者傳遞出重要的資訊。

對於生產者來說，奶油缺貨與價格上漲反映著市場上有未被滿足的需求，也意味著生產這個產品可能是有利可圖的，因此既有的奶油業者將會增加產量，甚至會有新的競爭者加入奶油的生產，並將這項產品供應到市場上，而奶油的價格也會因供給的增加而減緩上漲的速度，甚至於開始下跌。反觀那些過剩的麵包，市場價格必然會出現下跌，以反應過剩的產能與疲弱的需求，而麵包生產者因爲市場價格的下跌也會開始減少生產，最後也讓麵包的價格回復到合理的市場水準。

對於消費者來說，奶油的缺貨與價格的上漲，意味著他必須要付出更多的代價去取得這項商品，部分消費者可能會因而選擇其他的替代品，例如以果醬做爲代替，或者減少奶油的用量。不論是哪一種，都會讓市場對於奶油的需求降低，而奶油的價格也會因需求的降低而減緩上漲的速度，甚至於開始下跌。價格的機制同時在生產者與消費者雙方產生效用，讓市場價格與數量逐漸調整到合理的水準。

在這樣的過程中，價格就引導了社會的資源去做較有效率的運用。

例如，在大躍進時期，當時的中國最需要的商品其實是糧食，然而，在政府的計劃之下，鋼鐵成了應該優先生產的商品，也因此當時中國唯一擁有的資源，也就是大量的勞動力被運用在鋼鐵的生產上，結果不僅煉鋼的目標沒有達成，最終還釀成了人爲的大饑荒。倘若交由市場機制來運作，在當時缺乏糧食的環境之下，糧食的價格將會上漲，這將會吸引更多的資源投入糧食的生產，最後就能夠解決糧食不足的問題。

這也是鄧小平在一九八八年之所以會企圖取消物價管制的原因，透過這樣的方式能夠讓市場的資源做更有效率的分配與運用，生產力也自然得以進一步的提升。

## 專業分工提升經濟效率

除了價格機制之外，專業分工也帶來了效率的提升。

故事中的狩獵工具讓部落的居民們每天至少可以創造出五份食物，然而，並不是每個人都能夠靈活的使用這項工具，有些人一天可能可以創造十份食物，有些人則只能創造五份，而這些工具因爲是消耗品，居民們每隔一段時間就需要花上幾天來修補這項工具，而他們在修補工具的期間就失去了創造食物的能力。

王二雖然比較聰明又勇於承擔風險，然而，在體力的勞動上他就比不過張三或李四了。雖然狩獵的工具是由他所發明，但他每天最多也只能用這項工具創造出五份食物，張三卻能夠利用這項工具創造出十份的食物。

我們先來假設一個狀況，王二與張三每天分別可以用這項工具創造五份與十份食物，然而，這項工具經過一整天的激烈狩獵之後就會毀損，王二需要花一天的時間來修補這項工具，而張三則是需要兩天的時間，若兩人在一開始就擁有這項工具，並以三天為一個週期，那麼王二是兩天狩獵，一天修補工具，所以創造了十份食物，張三是一天狩獵，兩天修補工具，所以也創造了十份食物，整個社會的總產出就是二十份食物。

對於張三來說，他花兩天在修補工具上是不符合機會成本的，因為他原來一天可以創造出十份食物，所以如果三天都能用來狩獵，他就能夠創造三十份的食物，但現在卻要花上兩天修補工具，然後再花一天狩獵才能創造出十份食物，三天下來，他其實是少了二十份的食物，這時張三就想，如果有人能夠跟他搭檔專門維修工具就好了。

聰明的王二自然也想到了這個方式，於是他向張三提議說，這樣吧，以後你負責狩獵，我負責修工具，然後我們平分獲得的食物。在達成協議後，王二每天負責修工具，張三每天負責狩獵，同樣是三天的時間，張三與王二共同創造了三十份食物，相較於之前社會的總產出為二十份食物，共成長了百分之五十，而在個人的部分，兩個人也從過去的三天各獲得十份食物，變成各獲得了十五份，在專業分工的狀況之下，不僅僅是整體的經濟會出現成長，個人的利益也會隨之增加。

專業分工之後，王二不再需要直接去創造自己需要的食物，而是生產出其他的商品來與生產食物的人做交易。這與現代經濟的發展方向是一致的，我們每天所需要的食物、衣服、電子商品等，幾乎沒有一樣是完全由自己親手製造的，但我們仍然可以享用這些商品，唯一需要做的就是創造出其他人也需要的商品，然後與之交換。當我們能夠創造出更多具有價值的商品後，自然也就能夠消費更多由別人所創造的商品，這也是爲什麼前面提到生產才是經濟成長的基礎，就是這個道理。

在長期專業分工之下，整個社會還能夠享受到的就是學習曲線的效益。當王二對於修補工具的技術越來越熟練時，未來他可能僅需要半天的時間就可以修補好一項工具，剩下的半天他可以用來做其他的事情，或者再找一個獵人來合夥幫他修補工具。張三的部分也是一樣，他把修工具的時間拿來磨練狩獵技巧，所以每天食物的產量也會因此而增加。在這樣的發展之下，這個部落的存糧又出現了另一次的大規模增長。

這個故事與中國改革開放期間的發展是相當類似的，中國在實施「包產到戶」

之後，讓中國的糧食增幅在一九七八年至一九八五年間達到建國以來的最高峰。當糧食的問題獲得初步的紓解，更多的民眾有能力生產出多樣化的產品，例如經濟作物、畜牧業、鄉鎮企業與「個體戶」的發展就是如此。現在的中國從事農業生產的人數遠比改革開放初期少了許多，然而，中國的糧食產量卻遠高過於當時的水準，這些都是在專業分工之下所產生的生產力與效率提升。

## 通貨緊縮必然會傷害經濟嗎？

當這個部落的糧食已經不虞匱乏之後，商品與服務便在專業分工的體系之下開始多樣化。這個時候出現了一個人叫做趙五，他想要創造一種工具讓人們可以更方便的做長途運輸與旅行。經過了一段時間的研究，他終於研發出一種以馬爲動力來源的交通工具，索性就叫做「馬車」了。雖然馬車可以遮陽避雨，很適合做爲長途交通工具，但因爲是趙五全手工打造的產品，一輛馬車要價五百份食物，以前述每人三天只能創造出十五份食物來看，這對任何一位居民來說都是一筆不小的支出，而且馬車在當時並非是生活上的必需品，也因此趙五的這門生意在一開始並沒有獲得市場的認同。

然而，他並沒有因此灰心，經過了長時間的努力，趙五改良了生產流程，大幅度的縮短馬車的生產時間，最終把定價降到一百五十份食物，幾乎是每個居民都能夠輕易負擔的水準，馬車就從這個時候開始成爲該部落最主要的交通工具，不論是商業的運輸或個人的旅行也都開始成爲流行，也進一步創造更多的商業機會，這個部落的經濟規模又再更進一步的提升，而趙五也因此被該部落居民冠上了「馬車大亨」的名號。

我們在前一段曾經說明過，「生產」才能創造經濟的成長，鼓勵與刺激消費的方式只不過是將未來的存糧先挪到今日來使用罷了，而這是一種無法長久持續下去的發展模式，因爲最終還是有人需要爲這些債務買單。在趙五的例子中，我們又看到了一種與現在各國政府及央行所採行的政策完全不同思維的一種結論，那就是「通貨緊縮」其實並不一定會對於經濟造成實質的傷害，相對的，它反而是一個生產力提升與經濟成長的結果。

二〇〇八年的次貸風暴期間，以美國的量化寬鬆爲首，全世界各國都祭出了大規模的財政與貨幣刺激政策，爲的就是要讓民眾與企業重拾投資與消費的信心和能力，以避免陷入通貨緊縮的循環。二〇一二年底，新任日本首相安倍晉三更是要求日本央行將二%的通貨膨脹當做政策目標，並施以極度的量化寬鬆以試圖扭轉通貨緊縮的趨勢。中國在一九九七年到二〇〇三年之間也曾經過一段長時間的通貨緊縮。然而，通貨緊縮真的是那麼可怕的東西，對於經濟會產生嚴重的危害嗎？

所謂的通貨緊縮是指物價出現連續下跌的趨勢。鼓吹「通貨膨脹」派的經濟學派認為，如果商品價格持續的下滑，現金購買力持續增加，那麼消費者在這樣的趨勢下將會開始停止消費，因為他們在未來可以用更便宜的價格買到更好的商品，而這樣的思維會進而引發企業營收減少、獲利降低、裁員與經濟衰退。反過來說，如果物價呈現持續的上升（一般贊同者的說法是溫和的通膨），那麼就會刺激民眾現在的消費意願，進而增加企業的營收與獲利，促進經濟的成長。

我們先回到趙五的案例，一輛馬車一開始要價五百份食物，該部落的居民完全沒有消費的意願，直到降價到了一百五十份食物才開始觸動居民的購買動機，如果我們以物價來看，馬車的價格只剩下一開始的三〇%，這是相當嚴重的通貨緊縮，然而，物價的下跌最終有引發趙五的馬車事業倒閉與部落的經濟衰退嗎？結果正好相反，當馬車價格下降到大家都買得起的水準，取代了過去的步行交通方式之後，馬車的總產值反而出現大量的提升，同時讓這個部落的經濟活動與生活更有效率，也創造了更多的商業機會，例如二手馬車、甲部落租，乙部落還的租車公司等，當然也絕對少不了計程馬車這個服務。

回到我們所處的世界也是一樣，一九〇八年，福特透過大量生產方式，讓T型車得以用低廉的價格進入了一般百姓的家中，當時市場一般的車型售價約在兩千到三千美元左右，而T型車的起初售價不過是八五〇美元，到了一九二〇年，由於學習曲線與規模經濟的效益，讓T型車的價格已經降到三百美元，這個時候一般的民眾都能買得起汽車，美國亦自此成爲了「車輪上的國度」。

電腦剛發明的時候是大型的主機，僅有少數的實驗機構、軍方與學校才買得起電腦。然而，後來的IBM與微軟則是把個人電腦變得更便宜，最終進到了每一個人的家庭，想清楚了嗎？他們可不是讓電腦變得越來越貴，讓民眾害怕以後可能會買到更貴的電腦，因而立即掏出信用卡刷了一部電腦才開啓了個人電腦時代。

即便這類的電子商品在上市後第一天就開始降價，效能也在不斷的提升，但我們卻沒有因此長期等待，甚至於停止購買這樣的產品，並且造成電腦廠商獲利降低、裁員甚至經濟衰退。我相信絕大多數的我們，很可能每二到三年就會換一次電腦，幾個月到一年就會換一次手機，有趣的是當這些商品越便宜，他們的普及率也就越高，而在電腦變得更便宜之後，也大幅提升了每個人的工作產能，進而刺激了經濟的成長。

不論是故事中的趙五、現實世界中的福特與比爾．蓋茲，他們的企業產出越來越多便宜且效能更好的商品，不僅僅自己因此而累積了大量的財富，同時也讓整個社會的經濟效益大幅增加，這樣的現象也符合我們在一開始所說的，「生產」才能創造經濟的成長，而非消費。

今天假設我們反過來，部落用刺激消費的方式去鼓勵居民們購買馬車，每人補貼了三百五十份食物，讓民眾得以用一百五十份食物來購買，雖然促成了交易，然而補貼的這筆帳，在未來終究是有人要來償還的，而若趙五可以用五百份食物賣掉一輛馬車，他也就沒有誘因在短時間之內再去降低他的生產成本，這麼一來，整體社會反而在這樣的扭曲補貼消費機制之下出現了無效率的生產模式。

## 跨國貿易，落後國家也有利可圖

趙五所發明的馬車不僅僅讓自己成了馬車大亨，同時也改變了經濟發展的型態。部落在經過長時間的發展之後已經衣食無虞，這讓王二所製造的狩獵工具慢慢變得乏人問津，打獵已經成爲一種消遣的遊戲，而非日常生活的必須，這時王二決定帶著滿滿一馬車的狩獵工具出發前往別的部落，因爲他相信在其他的地方一定也有著狩獵的需求。

這樣的想法是正確的，最終他來到了一個名爲支那的部落，其落後的程度跟過去的美利堅一模一樣。由於這裡的人們仍然是用徒手狩獵，所以王二的工具在這裡大受歡迎，王二與當地的居民換了一馬車的酒，回到了自己的部落，沒想到大受歡迎，王二也因此賺了一筆，更積極的從事跨部落間的貿易行爲。

在經過一段時間之後，慢慢的有其他居民眼見趙五的馬車事業有利可圖，也開始從事馬車製造行業，不同於趙五的標準型馬車，其他的業者提供了各式各樣的裝飾與車型，慢慢的讓趙五的標準馬車事業受到了影響。

趙五一直以來總是思考著如何提供更平價的馬車給居民，然而自動化生產馬車的設備過於昂貴，他已經無法讓標準型馬車的售價再變得更便宜了，同時他也無法與其他特殊的車款競爭，因而陷入了困境。這個時候，趙五想到了最近名聲響亮的貿易大亨王二，王二爲了組成貿易車隊，曾向趙五大量購買了標準型馬車，兩人因而結識，有一次王二又要前往支那部落做生意，趙五心裡想著，就跟去一趟看看，也許可以在那裡開拓新的市場。

到了當地，趙五先是一陣失望，因爲當地居民還過著狩獵的生活，以他們的經濟發展狀況根本不可能有人買得起馬車。然而，想法一轉，如果把生產基地從美利堅搬到支那呢？趙五仔細的算了一下，在美利堅的機器設備加上人工，生產一輛馬車需要一百份食物的成本，但在支那，因爲人力成本便宜，所以很多的工序可以由機器改爲人工，如果再加上運費的考量，一輛馬車的生產成本只要七十份食物，對於趙五來說，這無異是發現了另一個天大好機會，因此大舉的將工廠搬到支那，建立起新的生產基地，雇用了大量的勞工，而支那部落的經濟也因此開始有了顯著的成長。

技術程度相對落後的支那部落就這樣逐漸建立起自己的生產與經濟體系，這樣的過程其實與現在全球的經濟發展模式是一樣的，透過專業的分工，先進國家與落後國家都能在國際貿易中互蒙其利。就如同故事中的美利堅部落與支那部落間的關係一樣，美利堅部落有了更便宜的馬車，可以把部落的儲蓄資源用在其他技術的開發上；而支那部落利用自己的廉價生產要素與外來的技術與資金，生產出便宜的馬車，同時也改善了自己的經濟與生活條件。

在要素替代的理論基礎之下，機械設備與人力是可以互相做爲替代的，也因此落後國家雖然沒有先進的機械設備與技術，但憑著廉價的勞動成本與生產要素，再加上外來的投資與技術也仍可以創造一定的價值，並在國際貿易中占有一席之地。而這些落後的國家也藉這樣的方式逐漸累積起一定的資本與技術，做爲未來發展的基礎。

在這些經濟發展較爲落後的開發中國家，廉價的生產要素扮演了相當重要的角色。舉個例子，中國有家公司叫做比亞迪電子，它是做手機電池起家的，過去電池的生產多半是集中在日本人的手上，日本使用大量的機械建立電池生產線，一條生產線要價數千萬人民幣，然而，比亞迪的創辦人王傳福卻將一個個機械製造工序拆解開來，充分利用廉價的勞動力來取代機械，這樣一條生產線只需要一百萬人民幣，靠著這樣的低成本，王傳福建立起了手機電池的領導地位，一度成爲台灣鴻海集團最棘手的對手。廉價生產要素所指的並不限於勞動成本，包括土地成本、環境汙染的重視、智慧財產權的保護等，在已開發國家所要付出的成本都比新興市場高出許多。

早期的台灣也是如此，台灣的電子業者把一項產品拆成一個個的零件與工序，然後把這些零件以按件計酬的方式，讓台灣的家庭主婦們能夠在家做些零工，當時這種家庭式作坊的生產型態也是著眼於廉價的勞動力所致。只不過這樣的成本條件不會永遠持續下去，因爲隨著經濟的發展，勞動成本會逐漸提升，而整個社會也會越來越重視環境汙染與智慧財產權的問題。這些靠著低廉生產要素起家的企業仍必須思考成本上揚後的應對策略，一是選擇生產要素成本更低的生產基地，另一個則是提升自己的技術層次與生產能力。

舉例來說，趙五一開始在美利堅的發跡過程就是逐漸的改善自己的生產流程，並提高生產力以降低生產成本，後來他發現在當地提升生產力的這條路陷入了困境，所以只能向外尋求更低成本的生產要素，然而，如果他所選擇的是後者，那麼當支那部落的生產成本增加之後，他就勢必得再找到另一個更低成本的生產基地了。反過來說，已開發國家在生產要素的價格上多半占不了優勢，也因此只能夠尋求技術的進步來改善生產力。

其實從生產的角度來看，無論是尋求低成本的生產要素，或者是提升技術層次與生產能力，其實所要達成的目的都是一樣的，那就是尋求能夠用更低的成本，也就是用更有效率的方式來生產出更多更便宜的產品，而這也才是一個國家的經濟能夠永續成長的不二法則。

中國從一九七八年的改革開放開始到二〇〇一年入世的這段時間，他們提升了糧食的生產量、專業分工與多樣化、逐步實現了價格自由化、利用外資的資本與技術，加上本國的生產要素，來推動出口驅動的發展模式、加入國際貿易體系，這些政策造就了中國近十年的黃金年代。從前面的分析我們可以發現，中國的改革開放過程其實並沒有脫離經濟學的經濟成長理論，相反的，它還可說得上是經濟發展的教科書，而這就是中國這個世界工廠崛起的過程與其背後的原因。

然而，就如同改革開放的過去這三十多年一樣，中國未來的經濟發展並不會是一個全然平順的過程，現在的中國開始要面臨繁榮過後的問題，包括產能過剩、房地產泡沫、債台高築與人口紅利的消逝等，這些問題是否是一個經濟體成長過程中所必然發生的呢？未來的中國有沒有能力去解決這些問題呢？

## 第 2 章

# 浮誇，世界工廠

絕不可以盲目地樂觀，然後就浮誇，就折騰。
我們歷史上有過這種教訓，形勢發展都是有週期的。

——— 出自中國前國務院總理朱鎔基《朱鎔基講話實錄》

高盛證券分析師吉姆・歐尼爾（Jim O'Neil）在二〇〇一年提出「金磚四國」這一概念，他認爲到了二〇五〇年，金磚四國的巴西、俄羅斯、印度與中國將會超越歐洲的已開發國家，與日本和美國共同成爲全世界前六大經濟體。在接下來的十年間，這些國家也確實取得較已開發國家更好的經濟表現，其中最爲亮眼的自然就是中國了。

二〇〇三年，在SARS疫情逐漸受到控制之後，中國基本上已經走出前一段時期的通貨緊縮，到了該年年底，中國的消費者物價指數年增率已經來到三%以上，中國反而開始需要擔憂通膨的問題。有了過去的經驗，中國開始運用行政、利率，以及存款準備金率等各種工具來抑制通貨膨脹，這輪消費者物價年增率的最高峰落在二〇〇八年二月的八・七%，遠遠低於過去動輒超過兩位數的上漲，中國政府在控制物價方面，顯然已經有了較爲豐富的經驗。

除了通膨獲得良好的控制以外，經濟發展仍同時以相當快的速度成長。在第1章提到，中國前總書記江澤民與前總理朱鎔基在一九九〇年代末期的調控及國企改革，爲中國打下良好的基礎，當時普遍認爲接任的胡錦濤與溫家寶政權應會延續寬鬆且開放的發展政策，而中國在二〇〇一年加入世界貿易組織及前述「金磚四國」概念的推波助瀾，更是讓這個國家在二〇〇一年以後，迎來了改革開放後最爲繁榮且快速成長的金磚十年。

只不過中國一如以往「一管就死，一放就亂！」的現象，也再度展現在這十年間。吉姆．歐尼爾口中的金磚國家們近年來似乎已經開始褪色，而這過程就如同中國前總理朱鎔基所說的：「形勢的發展都是有週期的。」中國在經過這十年的快速成長之後，開始要面對喧囂繁華過後的後遺症了。

## 褪色的金磚

自二〇〇三年起，中國便開始長達十多年的低通膨、高成長繁榮期。從二〇〇三年到二〇一一年這九年之間，中國的國內生產毛額年增率有六年在一〇%以上，即便在次貸危機蔓延的二〇〇八年及二〇〇九年、歐債風暴的二〇一一年期間，中國的經濟成長率也都還能維持在九%以上，如圖 2.1 所示。二〇〇八年中國推出四萬億人民幣的刺激經濟方案，更被稱爲拯救了全世界的經濟。如果以複合成長率來看，這九年間的年複合成長率則是高達一六．八八%。

然而，到了二〇一二年，中國的國內生產毛額年增率卻出現快速滑落，並且只剩下七．八%。中國國務院新任總理李克強在二〇一三年三月就任時曾訂下七．五%的增長目標，中國最終在二〇一三年的成長率達到七．七%，雖然達到預期的目標，卻是自一九九〇年以來最低的年度增長水準，許多研究機構認爲中國經濟增速將會持續放緩，世界工廠的光芒似乎正在快速褪色中。

其實中國經濟成長的減速並不令人意外，因爲以中國經濟發展的結構來看，這本來就是一個無法長久延續下去的模式，問題只在於什麼時候，以什麼樣的方式停下來而已。

攤開中國的國內生產毛額組

**圖 2.1 中國經濟在 2003 年～2011 年迎來高速成長**

中國 2001 年～2013 年國內生產毛額年增率（單位：%）

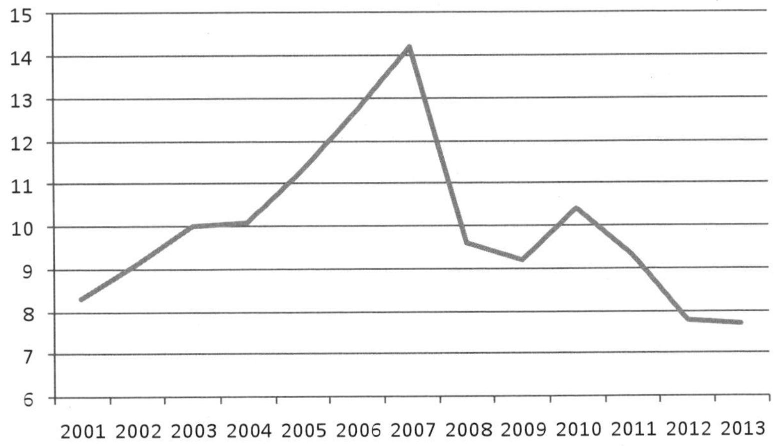


資料來源：：中國國家統計局。

成結構來看，我們會發現中國與其他國家之間有著相當大的差異。以二〇一二年的數據爲例，請參看表 2.1，中國的民間消費支出占國內生產毛額比重爲三五．七%，人均國內生產毛額爲六、〇九一美元，以同一年度的數據來看，美國的民間消費支出占國內生產毛額比重爲七〇．九%、台灣爲六〇．三%、巴西爲五九%、印度則爲六〇%，而上述國家的人均國內生產毛額分別爲四九、九六五美元，二〇、三二八美元，一一、三三九美元，以及一、四八九美元，也就是說，不論從已開發國家、開發中國家，或者人均國內生產毛額低於中國的國家來看，中國的消費支出占國內生產毛額比重都是異常的偏低。

其實中國的民間消費占國內生產毛額比重並非一直都是這麼低，在一九九〇年之前，甚至還長期維持在五〇%以上，而在二〇〇四年之前，也都還有四〇%以上的水準，但是自二〇〇四年之後，就開始一路的向下滑落。面對這迴異於其他國家的經濟結構，許多研究機構與學界則表示中國的經濟結構應該要轉爲內需消費。然而，中國這幾年來的消費力道並非不強，因爲中國民間消費支出從二〇〇〇年到二〇一二年之間成長了三一一%，相對來說，美國在同期間的消費支出只成長六三%而已，而台灣的部分更是只增加四一%，中國民間消費能力成長的速度其實還遠遠超過其他國家。

也就是說，中國的民間消費占國內生產毛額比重之所以會低於其他國家，原因全是在於其他支出項目的成長速度更快所致。中國的資本形成支出自二〇〇〇年到二〇一二年間大幅成長了六二八%，增長幅度是民間消費的一倍，而民間消費所占的比重也因此被動的「被下降」了。

如果與其他國家的數據相比較，我們便可以發現中國的資本形成占國內生產毛額比重是異常的高，如表 2.1 所示，例如美國在二〇一二年的比例為一五·二四%、台灣為二〇%、巴西為一七·六四%、印度則為三四·九二%，而中國則是高達近五〇%。

然而，從圖 2.2 可以看出一個現象，過去每當資本形成占國內生產毛額比重攀升至一定的高峰時，中國政府便會出面進行宏觀調

**表 2.1 中國、美國、台灣、巴西、印度等國的民間消費支出占 GDP 比重（以 2012 年為例）**

| | 中國 | 美國 | 台灣 | 巴西 | 印度 |
|---|---|---|---|---|---|
| 民間消費支出占 GDP 比重（%） | 35.7 | 70.9 | 60.3 | 59 | 60 |
| 資本形成占 GDP 比重（%） | 48 | 15.24 | 20 | 17.64 | 34.92 |
| 人均 GDP（美元） | 6,091 | 49,965 | 20,328 | 11,339 | 1,489 |

資料來源：世界銀行，國際貨幣基金組織（IMF），本研究整理。

**圖 2.2　中國資本形成占國內生產毛額比重近 50%**

中國 1978 年～2012 年資本形成占國內生產毛額比重（單位：%）

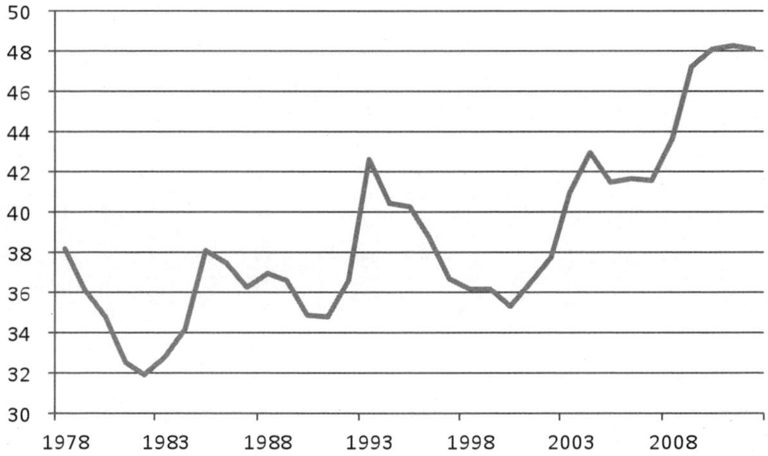


資料來源：中國國家統計局。

控，例如我們在前一章所提到的一九八五年、一九九三年，以及二〇〇四年的物價與信貸緊縮。然而，這個比例在二〇〇八年攀升到四三．八%的高峰時，卻沒有出現收縮現象，在那之後的幾年反而是繼續創下新高，接近五〇%的水準，中國的投資支出似乎出現了失控的現象。

我們在第1章曾經提到，生產才是經濟成長的根本，而儲蓄的目的則是用來投資，以進一步提升生產效率，但是如果這些投資的項目無法改善生產效率或者進而產出有價值的商品，這樣的投資就是浪費資源且沒有意義的行爲，對於一個經濟體的長期發展將會有負面的影響。

## 浮濫投資與過剩產能

那麼，中國過去這十幾年來的大幅投資是否眞的創造出價值了呢？我們或許可以從中國的增額資本產出率❶來評估。這數據的歷史走勢與前述的資本形成占國內生產毛額比重的趨勢幾乎是如出一轍，每當中國開始出現大量投資的時候，產出效率也跟著遞減，唯有政府出面進行調控之後，產出效率才得以再次提升。

中國自一九七八年改革開放到二〇一三年的平均增額資本產出率是三．二六，這代表每創造出一元的國內生產毛額需要投入三．二六元的資本，這樣的數據相較於其他國家來看屬於平均水準。然而，如圖2.3所示，當中國自二〇〇八年起的資本形成占國內生產毛額比重持續創下歷史新高之際，同時也可以發現該國的投資效率正在不斷的遞減。以二〇〇九年到二〇一三年的數據來看，分別爲五．〇一、三．五八、三．二七、四．六一，以及六．六六，近幾年的數據都在中國過去三十多年的平均值以上，顯示這幾年來雖然投資金額持續的增長，但投資效率其實是低於中國長期平均水準的。

投資效率的低落表示，如果我們同樣要創造出一元的國內生產毛額，必須投入更多的資本才可能達成。以前述的數據爲例，中國自改革開放以來，要創造一元的國內生產毛額平均需要投入三．二六元，到了二〇一三年，想要創造一元的國內生產毛額所需要投入的金額已經上升到六．六六元，而這是改革開放以來僅次於一九九九年的次高數據。

二〇〇七年的次貸風暴之後，中國政府推出各項政策，力拚國內生產毛額年增率「保八」的目標，

圖 2.3 中國增額資本產出率有逐年增加趨勢

中國 1978 年～2013 年資本產出率（單位：倍）

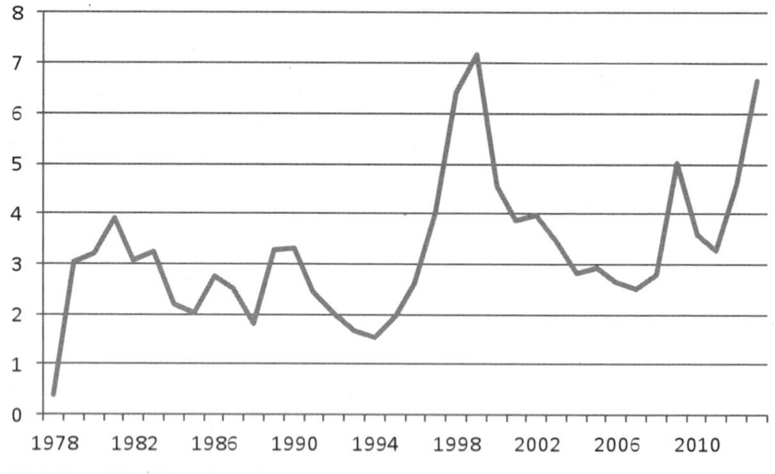


資料來源：中國國家統計局，本研究計算。

然而，當投資效率逐漸遞減後，若還想要維持保八的目標就必須增加投資的金額，這也是爲什麼中國的投資在近幾年會以驚人速度成長的原因。

投資效率低落所反應出來的現象，就是普遍存在於中國各行各業的過剩產能。中國工信部在二〇一三年一月二十二日發布《關於加快推進重點行業企業兼併重組的指導意見》，主要內容是針對各項產能過剩的產業給予兼併重組的目標，希望在二〇一五年以前，一些特定產業能達到一定的集中度，以提升競爭力。例如，汽車業前十名的集中度要達九〇％、鋼鐵業前十名集中度達六〇％、水泥業前十名集中度達三五％等等，到了二〇一三年七月，甚至還提出了明確的淘汰企業名單。

其實中國產能過剩的問題已是冰凍三尺而非一日之寒，前述提升產業集中度的計劃，在過去幾年間也屢屢出現不同的版本，然而，這一次又一次的計劃卻始終無法改善這個問題。

以鋼鐵產業爲例，中國現今已經是全世界的「鋼鐵大國」，只不過中國卻不能算得上是一個「鋼鐵強國」。根據中國鋼鐵工業協會的統計資料，如圖2.4顯示，中國在二〇〇〇年的全國鋼鐵產能占全世界鋼鐵產能比例僅一五．一六％，而到了二〇一二年此一比例則攀升到了四七．二一％，中國的鋼鐵產能將近全球的一半，爲全世界鋼鐵產能最大的國家，因此中國是個名副其實的鋼鐵大國。除了鋼鐵之外，中國整體產能占到全球五〇%左右的還有水泥、鋁、平板玻璃等，而造船業的產能則是已經超過全球總需求了。

然而，雖然中國的鋼鐵總產能相當驚人，但以個別業者來看，卻是比不上其他國家鋼鐵業的規模。日本四家鋼廠之產能占日本總產能的七四．二九%；美國四家鋼廠占美國五四．五〇%；俄羅斯四家鋼廠占俄國的六九．〇二%；韓國兩家鋼廠就占了韓國產能七九．八%；歐盟七家鋼廠

圖2.4　中國鋼鐵產能占全世界比重逐年攀升

2000年～2012年中國鋼鐵產能占全球產能比重（單位：%）

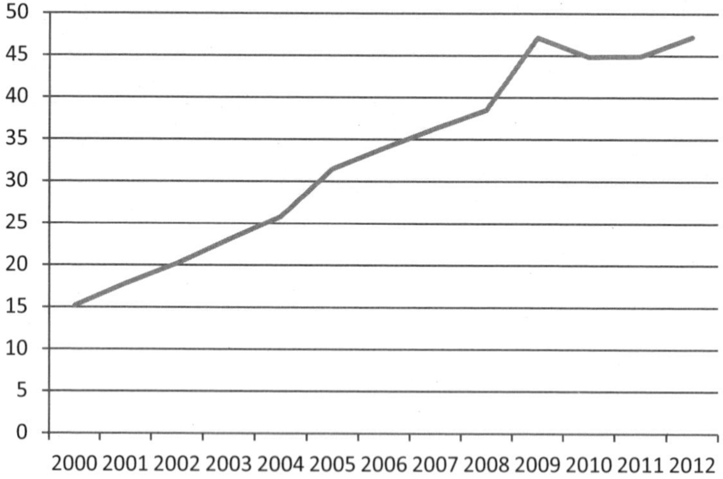


資料來源：中國鋼鐵工業協會。

占歐盟鋼產能的八七・四六%；而中國鋼鐵業的集中度不但遠低於其他國家，更嚴重的問題在於這個數據還在持續下降當中，二〇一一年中國排名前五位鋼鐵企業的產能，占全國產能的比例爲二八・八%，而二〇一〇年同期則爲三三%。

根據中國鋼鐵工業協會的報告顯示，中國在二〇一二年約有九億噸到十億噸的粗鋼產能，然而，需求卻只約七億噸，也就是說保守估計約有二億噸的超額產能。鋼鐵業其實只是中國過度投資的一個縮影，產能嚴重過剩的問題遍布各行各業。中國國家發展和改革委員會投資研究所曾做過一份研究報告表示，中國的電解鋁過剩五八・四%、焦炭過剩二〇〇%、家電過剩三〇%、電視機過剩九〇%、紡織、服裝產能過剩超過一〇〇%，絕大多數加工製造業產能利用率不到七〇%，有些行業的利用率更是不到四〇%。國際貨幣基金組織在二〇一二年七月所出具的〈第十二號國家報告〉就指出，中國在二〇一二年整體的產能利用率大約只有六〇%左右。

## 為什麼產能會過剩？

第1章曾經提到，在任何的經濟制度之下都可能會有產能過剩的問題，而市場經濟與計劃經濟不同之處在於，它能夠透過市場價格與優勝劣敗機制來達到新的均衡。產能過剩意味著市場競爭狀況將會非常激烈，長時間下來生產效率較差的業者將會因虧損而退出市場，最後產業集中度將會提升，而整體市場的資源使用將會更有效率，然而，中國的實際狀況卻正好相反，這正是因爲市場機制受到阻礙的原因。

同樣以鋼鐵業爲例，中國一直以來都以產能規模做爲淘汰與兼併的標準，這麼一來，中小鋼鐵廠商便會擔心若眞的按市況降低產量，反而可能成爲被淘汰的對象，因而出現了即使帳上有著巨額虧損，卻仍堅持持續擴廠的現象。反觀大型業者，因爲不會成爲被淘汰對象，所以就按著市場環境來發展，相對來說，擴廠的速度就慢了。這一來一往之間就變成中小型業者快速擴張規模，而大型業者擴張速度較緩，落後產能不僅無法被淘汰，反而還越來越多，也因此造成產能已經嚴重過剩，政府持續提出淘汰方案，但產業集中度卻出現日益下降的特殊現象。

只不過按常理來說，一個持續虧損的企業就算硬著頭皮擴廠，應該也撐不了幾年才是，但中國各行業的產能過剩卻是一個長年的問題，且越來越嚴重。最主要原因就在於企業的投資、擴廠，甚至於其所帶來的就業與稅收都是地方政府的施政績效，如果業者嚴格執行減產，那麼地方的就業與經濟產值便會因此滑落，稅收也會隨之減少，而這是地方政府亟不願意見到的。

因此中國的地方政府透過財政補貼方式，來爲沒有競爭力的企業輸血便成了常態，這也是這些中小型業者即便經營不善也還能夠長期持續擴張的原因。以二〇一二年爲例，三十五家以鋼鐵爲主營項目，且在中國股票市場上市的企業獲得了六一．四五七億人民幣的政府補貼，這補貼金額是二〇一一年的兩倍以上，而這些業者在二〇一二年共計發生七十七億人民幣的虧損，如果沒有各級政府的補助，優勝劣敗的淘汰賽早已發生，中國產能過剩的問題也不致於如此嚴重。

中國產能過剩的問題不是只發生在傳統基礎建設的鋼鐵、水泥，以及玻璃等行業而已，近年來政府積極扶植的各項高科技產業也出現了同樣的問題。

我在幾年前任職於投資銀行時，當時的中國急欲扶植本土的發光二極體產業，許多地方政府都開出了每台MOCVD機台補貼一半價格的條件來吸引廠商進駐，而這中間的補貼又有一部分會做爲地方政府的稅收，這樣的條件吸引了許多台灣業者前往投資設廠，而近年來快速崛起的中國業者三安光電也是靠著大量補助崛起的，該公司光是二〇一〇年到二〇一二年間取得的補助就不少於三十億人民幣，而這也是爲什麼近幾年全球的發光二極體會陷入嚴重供過於求窘境的最主要原因了。

其他接受大量補貼的行業也不在少數，例如手機製造商中興電訊雖然二〇一二年的虧損額在人民幣二八．四億，但該公司仍能從國家開發銀行取得一項金額爲兩百億美元的融資協定；太陽能業者江西賽維由國資入股解決其債務困境，其他如面板製造商京東方則是有「燒錢機器」與「A股圈錢王」的稱號。不論是傳統的鋼鐵水泥，或者是最新科技的面板與太陽能，中國處處充斥嚴重的產能過剩問題。

產能過剩的問題除了地方政府的因素之外，當然也包括中央在近年來所推動的許多大規模基礎建設計劃。例如，二〇〇八年的「四萬億」、二〇一二年一度傳出「地方版四萬億」，以及在中國共產黨第十八次全國代表大會中所提出的「城鎮化」等。

中國政府推出這些基礎建設計劃的目的在於，透過政府支出來頂替次貸風暴期間國外需求及民間消費的衰退。這樣的作法是典型的凱因斯主義思維，認爲經濟衰退是因爲市場「需求不足」，因此必須由政府出面來填補不足的需求，進而維持經濟的穩定發展。

然而，這樣的論述是有嚴重瑕疵的。

我們在第1章提到了趙五的馬車故事，當趙五無法生產出符合市場需求與消費能力的馬車，他就會面臨產能過剩與大量存貨的問題。如果我們用「需求不足」的角度來看這現象，並透過政府的補貼來促進消費，那麼只不過是將其他產業所需要的資源挪用到馬車產業罷了，而當馬車產業可以取得大量補助，許多業者便會一湧而上創造大量產能，然而，這種在補貼基礎之下所創造的產能只要政府一旦停止補貼，立刻就會變成過剩產能。

也就是說，我們應該要用「生產過剩」的角度來看待這樣的問題。在生產過剩的前提下，這些業者本來就應該適度的縮減產能，並進一步提升生產效率，來生產出價格更低或品質更好的商品，而落後的業者則是經由這樣的方式來自然淘汰，如此一來，不僅存活下來的業者可以有更好的產業環境，整體社會的資源也不會無效率的浪費在這個產業，這才是一個經濟體能夠永續發展的關鍵。

然而，中國政府在改革開放三十年後，卻又走回政府干預與指導的老路，也無怪乎產能過剩的問題始終無法解決，因爲從實質的角度來看，這不過又是另一次的「大躍進」罷了。

## 國進民退，生產效率低落

中央與地方政府在給予特定產業補貼後將會衍生出另一個問題，那就是「國進民退」的效應。

所謂「國進民退」一般是指在特定產業領域由國有企業取得較爲有利的競爭地位，而民營企業則被迫退出的現象，另有更爲廣泛的解釋是政府對於市場干預程度的提高。然而，不論是哪一種，其實都扭曲了市場經濟原來的發展方向，自然也就會產生一些特殊的現象，就如前述驚人的產能過剩。

我們在第1章曾提到中國在一九九八年所進行的國企改革，由於當時正處於亞洲金融風暴，國有企業出現大量倒閉、虧損與裁員的現象。當時的總理朱鎔基因此提出了「國企三年脫困」及「抓大放小」的原則，讓國企涉獵的範圍縮小到更爲特定的產業，也因此釋出了更多讓民營企業得以發揮的空間。

然而，十年之後，中國在二〇〇七年的美國次貸風暴期間卻出現了不一樣的作法。二〇〇九年初，國務院提出《十大產業振興規劃》，並列出重點扶植的國企，甚至包括具體的整併計劃，這樣的作法不僅無法讓資源透過市場機制來做有效率的分配，更有甚者會讓更多的資源流向無效率的企業。

除了提出了具體的整併與扶植計劃之外，中國政府更在次貸風暴之後實施了寬鬆的貨幣政策，新增貸款在二〇〇九年達到最高峰，光是該年第一季的新增貸款就高達四．五八兆人民幣，遠超過過去任何一年度的全年新增貸款總額，只不過絕大多數的資金都流向了鐵路、公路與機場這類被統稱為「鐵公雞」的基礎建設項目，中小型的民營企業並沒有辦法獲得同等的待遇，只能走向利率較高的民間借貸，而這也是為什麼兩年後當中國政府開始緊縮資金時，「溫州走佬潮」就這樣爆發了。

國進民退的發展，讓中小型的民企無法與國企抗衡，然而，民企之所以無法競爭並非其經營效率不佳，而是因為在政府主導之下讓資金與補貼多流向了國企，這麼一來能夠妥善利用資源的民企無法取得資源，無法妥善利用資源的國企取得大量資源，並進行浮濫的投資，而這正是中國近年來雖然在實體產業出現了大量投資，卻又因為缺乏投資效率，最終導致各行各業出現產能過剩的最主要原因，在這樣的環境之下，中國經濟成長的趨緩也就成為必然了。

## 超額國外需求

第1章提到中國自一九九三年的人民幣匯改以來，人民幣匯價就一直維繫在一美元兌八．七元人民幣的固定水準。由於美元指數在二〇〇〇年以後出現約長達十年的貶值走勢，因此這種盯住美元的聯繫匯率制度讓中國的人民幣實質有效匯率也跟著在二〇〇〇年之後出現一波跌勢，如圖2.5所示，而這也為中國的出口帶來了競爭上的相對優勢。

中國在一九九三年實施匯改，讓人民幣貶值並盯住美元之後，從

**圖2.5　人民幣實質有效匯率在2000年後曾現波段貶勢**

1994/01 到 2013/05 人民幣實質有效匯率

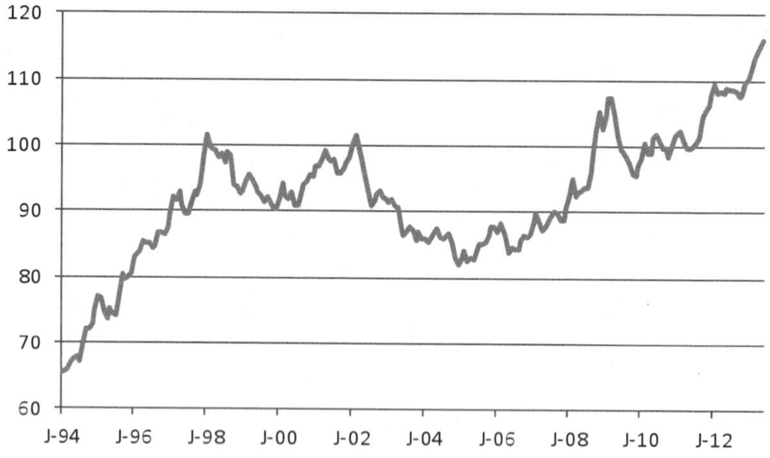


資料來源：國際清算銀行（Bank for International Settlements）。

一九九四年起至二〇一二年，中國已經連續十九年實現經常帳順差，期間所累積的經常帳順差高達二・三七兆美元。長期的經常帳順差在理論上是不可能一直持續下去的，因爲擁有經常帳順差的國家，其所代表的意義就在於本國所出口的商品大於進口的產品，那麼從整個國家的觀點來看就會擁有大量的外匯，而這些外匯如果要在本國使用，不管是發放薪資、發放股利或償還銀行借款就必須換成本國貨幣。這麼一來就會增加對於本國貨幣的需求，在本國貨幣供給數量不變的情況之下，從而讓本國貨幣出現升值走勢，進而提高本國商品在國際上的價格，而這麼一來出口就會開始減少，進口開始增加，進而縮小經常帳順差的數字，甚至轉爲逆差。

然而，除了中國之外，東亞國家的日本、南韓、台灣、香港，以及新加坡都實現了長年的經常帳順差，其原因就在於這些國家多透過壓抑匯率的方式來阻升本國貨幣，並維持本國商品的競爭力，也就是說前述自然平衡的機制被人爲阻斷了。但這種方式不僅沒有效率，長期下來也無法提升產業的競爭力，我們從第1章英國的工業革命例子中就已經了解這個道理。

相對於亞洲國家的長年經常帳順差，美國自一九七一年出現了近五十年來的第一次經常帳逆差之後，經常帳逆差似乎已經成了美國的常態，如圖 2.6 所示，進入一九八〇年後到二〇一二年的三十多年間，更是只有三年出現經常帳順差，根據美國商務部經濟分析局（U.S. Bureau of Economic Analysis, BEA）的資料顯示，光是近十年來美國所累積的經常逆差金額就已經高達五．八一兆美元。

就理論來看，如此巨額的經常帳逆差勢必讓美元出現長期疲弱的走勢，甚至頻頻破底，進而使得美國的消費力道大幅衰減而無法維持長久的經常帳逆差才是，事實上，這也是許多的經濟學家及分析師長期看衰美元的主要原因之一，但從過去的美元指數歷史走勢來看，卻不是這麼一回事，最主要原

圖2.6 美國經常帳逆差未見明顯收斂

美國 1960 年～2012 年經常帳數據（單位：十億美元）

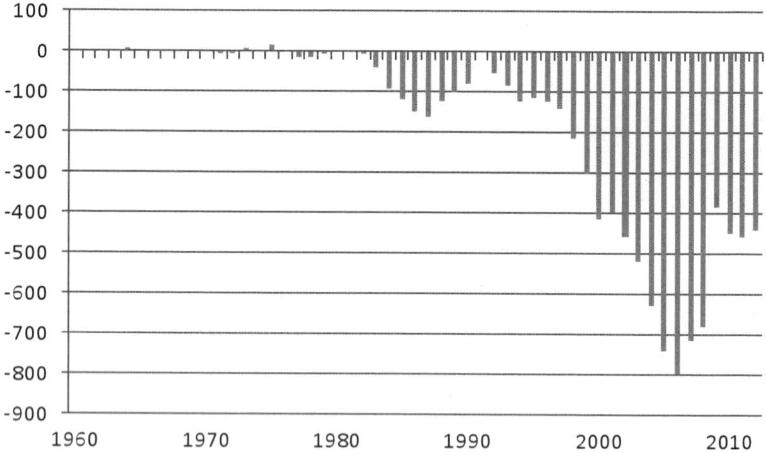


資料來源：美國商務部經濟分析局（U.S. Bureau of Economic Analysis ,BEA）。

因就在於美國長期擁有大量的金融帳資金流入，平衡了美國的國際收支並且維繫了美元的匯價。

根據美國商務部經濟分析局的資料，如圖 2.7 顯示，自一九八三年以來，美國的金融帳出現了連續三十一年的順差，近十年的流入金額約爲五．五兆美元。從實體商品與貨幣的流通方向來看，美國用美元跟全世界買了一堆商品，而這些流出去的美元再通過投資美國金融商品的方式回流美國，最終，美國人得到了實體商品，其他國家的人則拿到以美元計價的美國金融商品，而這「資本輸入」的運轉模式，正是美國這個龐大的

圖 2.7 美國金融帳出現長期順差

美國 1960 年～2012 年金融帳數據（單位：十億美元）

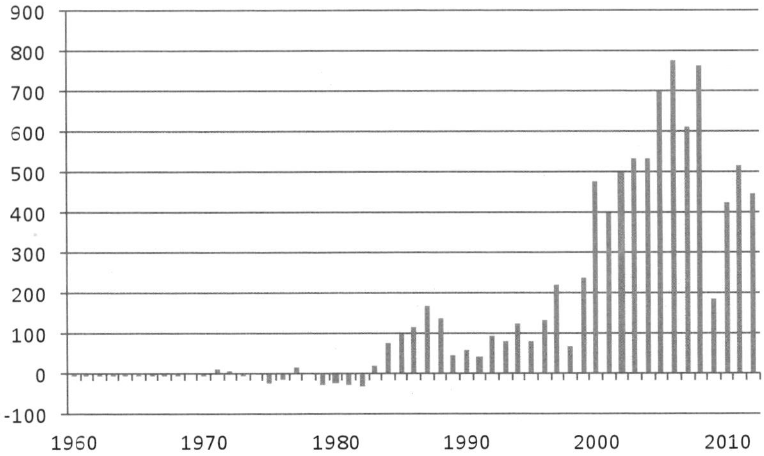


資料來源：美國商務部經濟分析局（U.S. Bureau of Economic Analysis ,BEA）。

經濟體能持續維持運作的重要關鍵，透過金融帳的資金流入來彌補經常帳的資金流出，美元也因此能夠維持一定的購買力與市場地位。

那麼，是誰擁有這麼巨額的資金，能夠長期投入美國資本市場呢？

還記得前述提過那些擁有長期經常帳順差的東亞國家嗎？這些國家爲了壓抑本國貨幣的升值趨勢，必須發行大量的本國貨幣來收購外匯，而這些收購後的外匯就成爲這些國家的外匯存底，透過這樣的方式使得匯率維持穩定。也就是說當國際收支出現順差，一則直接反應在貨幣的升值，不然就是反映在外匯存底的累積，中間的差異就取決於各國的央行是否進場買匯干預匯率。

中國的外匯存底在二〇〇六年二月以八、五三六億美元正式超越日本，成爲全世界外匯存底最高的國家，在那之後仍持續以驚人的速度快速累積著，截至二〇一三年底，中國的外匯存底已經來到三．八二兆美元。台灣的外匯存底則是排名全世界第六名，達到四、一六八億美元。

前述這些國家的央行並不會以直接持有外國貨幣的型態來擁有這些外匯，多數的央行會選擇投資具有收益性的外幣商品，例如主要儲備貨幣國的政府公債，而有些央行，例如新加坡與挪威，則是更爲積極的成立主權基金，以投資對國家有利的戰略性產業。

根據美國財政部的統計，如圖 2.8 所示，截至二〇一三年十一月底持有最多美國國債的國家爲中國，持有金額高達一．三二兆美元，台灣持有美國國債金額排名全球第七，持有金額爲一、八三七億美元，其他如亞洲四小龍與金磚四國等高外匯存底國家，也都排名在美債持有者前二十名當中。若單純從增加的幅度來看，近十幾年來中國應該算是美國國債最大的買主了。二〇〇〇年初，中國持有美國國債的數字不過是五九四億美元而已，這十幾年來中國購買美國國債的速度與其外匯存底累積的速度一樣叫人驚訝。

圖 2.8 中國持有美國國債突破 1.3 兆美元

2013 年 11 月各國持有美國國債金額（單位：十億美元）

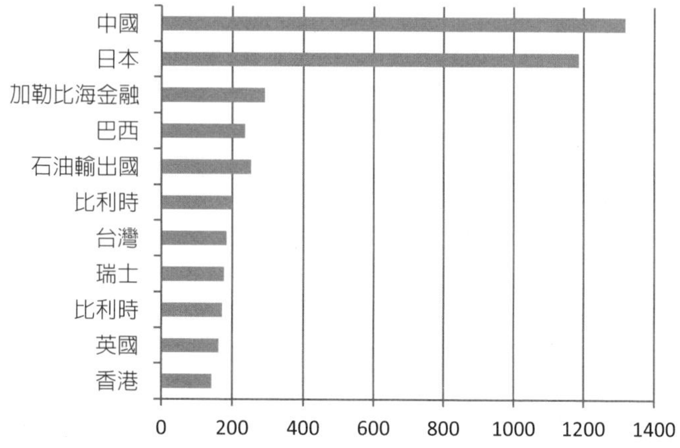


資料來源： 美國財政部（U.S. Department of Treasury）。

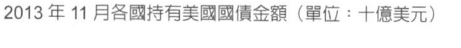

## 這一盤不算，再來

在前述的模式之下，我們可以發現這些國家所追求的經濟成長已經完全變質了。

掌握了美元這個國際主要儲備貨幣的美國，透過大量舉債來維持這個經濟體的運作，該國自二〇〇〇年到二〇一二年爲止，這段期間累積了超過十兆美元的債務，讓美國政府的總債務突破了十七兆美元大關。不僅是政府債務累累，長期在政府與經濟學家鼓吹消費的誘惑之下，美國民眾的儲蓄率也大幅度的降低，在一九八〇年代期間，美國的儲蓄率還有六%到

圖 2.9 美國個人儲蓄率在 1990 年代後大幅滑落

美國 1959 年～2012 年個人儲蓄率（單位：%）

資料來源：美國經濟分析局（Bureau of Economic Analysis）。

一四%，然而在一九九〇年之後，絕大部分的時間，美國民眾的儲蓄率幾乎都在六%以下，如圖2.9所示，這是一個嚴重缺乏儲蓄的經濟體。

美國之所以可以維持長期的經常帳逆差、舉借大量的負債，最主要的原因就是由其他的國家來幫美國的消費與負債買單。大量的資金透過金融帳流入美國，撐起了美元的相對價格。雖然美元對實體資產確實出現貶值的趨勢，一如過去美元兌黃金的價格走勢一樣，但其他國家在壓抑本國匯率的過程中也釋放了本國貨幣，並讓自己的貨幣與美元維持一定的兌換比率，這使得美國人能夠持續的以相同的價格購買這些國家的商品，即便美國已經累積了巨額的經常帳逆差，也是一樣。

此外，大量的金融帳流入同時，也對於美國的財政赤字產生龐大的貢獻。如果不是大量的國外資金在購買美國國債，那麼美國國債的利率絕不可能維持在現在如此低的水準，美國政府會被迫付出更高的利率來維持其經濟的運轉，甚至於破產，一如深陷債務危機的歐洲國家一樣，而許多以美國國債利率爲基準利率的信用貸款也會被迫拉高利率，美國人就無法取得更便宜的資金來消費了。

這樣的方式就好像我們進了賭場，好不容易贏了一大堆錢，然後莊家突然說：「這盤不算，重新再來！」這些東亞國家從美國手中賺取了大量的美元，然而，卻又再將這些美元用來購買美國國債，來支應美國的消費開支，從結果來說，這此國家根本是花錢買下自己所生產的商品，而這樣的經濟成長早已經完全的偏離本質了。

## 虛幻的成長

國家與企業的競爭力應該是要來自於其生產能力才是，然而，現在各國的經濟成長模式則是透過大量舉債與貨幣政策來刺激成長，這種像是運動員施打禁藥的方式，雖然能夠在短時間內刺激經濟的活絡，這個運動員的實際運動能力並沒有因此改變，反而因爲長期的藥物刺激而讓他的體能變差，這麼一來就需要更強烈的刺激政策，而需要的刺激間隔也越來越短暫，當然，最終的下場就是完全失去運動能力，再也無法在場上競賽，而這就是許多亞洲國家所選擇以貶值促進經濟成長的模式，也是將自己推向懸崖的開始。

當一個國家沒有透過匯率控制來進行貿易行爲時，經過一段時間的經常帳順差之後，該國的貨幣應會相對於貿易對手國升值，這個時候順差國的企業所優先考慮的絕對不會是大幅度的擴充產能，而是思考如何提升生產力，以生產出更便宜或更有價值的商品以抵銷貨幣升值帶來的衝擊。

然而，產業升級以提升生產力的過程是艱難的，除了需要具有遠見的政府與企業家以外，同時還得面對被淘汰的產業、公司與失業問題，這是一般的政府所無法做到，也不願意面對的課題，也因此最容易的方式就是透過操縱匯率來扭曲經濟的運作。

當一個經濟體開始扭曲匯率之後，就像我們在前面所說的，如同運動員使用禁藥的過程，諸多的負作用將會逐一浮現。

首先，當我們壓抑自己的貨幣價值之後，等於是創造了外國的超額需求，因爲在本國貨幣升值之後，出口的商品對於外國來說就變貴了，他們本會因此而減少消費，但阻升本國貨幣的作法改變了這個自然的規律。更重要的是，當我們爲了壓抑匯率而大量的買進對手國的債券，對手國可以用偏離正常水準的低利率來籌集資金，這麼一來就又再度刺激這些國家的消費，讓他們得以買下其財力所無法負擔的商品。

不管是壓抑匯率所創造的需求，或是舉債所創造的需求，這些都是不切實際且無法長期維繫的，然而，這對於企業來說自然是樂觀其成，因爲企業不需要花心思提升技術層次，只要大幅度的擴充產能來滿足這源源不絕的需求就可以了，於是這些順差國的產能便因此大幅度的提升。

當這些順差國的央行試圖壓抑自己國家貨幣的升值趨勢時，必須釋放出大量的本國貨幣到市場上，這麼一來就會讓這個國家的貨幣供給氾濫，利率大幅度的降低，而這對於該國的企業來說又是一個大好消息，因爲他們所能取得的資金成本遠低於其他國家的競爭對手，這麼一來，產能的擴充與競賽就更是變本加厲起來。

不論是控制匯率、購買債務，或本國的寬鬆貨幣政策，都讓這些壓抑匯率的順差國創造了驚人的超額產能，這也是爲什麼這些亞洲國家所跨足的行業，往往在很短時間之內就會出現激烈的殺價競爭。然而，這樣的遊戲是不可能永無止盡玩下去的，當前述的任何一個環節出現問題，例如無法再壓抑本國貨幣的升值趨勢、國外需求的減弱、國外政府的撙節開支，甚至是反壟斷或反傾銷的訴訟等，這些超額產能立刻就會變成閒置產能，而現在的中國就正在面臨這樣的問題。

## 堆積的債務

在本章一開始曾經提到，中國近年來的投資效率逐年遞減，每投入一元的固定資產投資所能創造的產值是越來越低。倘若一個經濟體只是不斷的投資卻無法創造出任何有價值的東西，那麼這樣的投資就是在浪費過去的儲蓄，更有甚者則是採取舉債的方式來投資，而個人、企業與政府的債務也就因此越堆越高了。

根據中國國家統計局的資料，如圖 2.10 顯示，中國在改革開放初期，其整體貸款餘額約占國內生產毛額的五〇%～八〇%左右，到了一九九〇年代則是進一步攀升到一〇三%，而到了二〇一二年，這個比例則是來到歷史新高的一一九%。這樣的數據說明中國近

圖 2.10　中國貸款餘額近年來超越了國內生產毛額規模

中國 1990 年～2012 年國內生產毛額及貸款餘額（單位：兆人民幣）

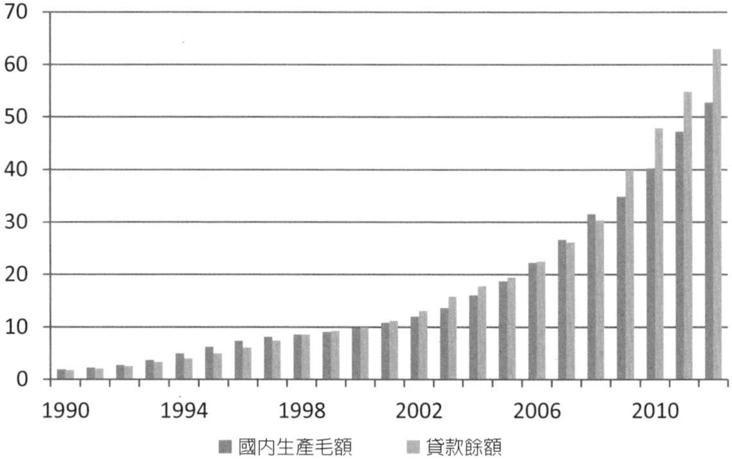


資料來源：中國國家統計局。

年來大幅增加的投資金額可能不是來自於過去的儲蓄或企業盈餘，而是來自於負債與財務槓桿的增加。

那麼，中國的負債主要是增加在哪些部門呢？

根據中國審計署在二〇一三年底所發布的〈全國政府性債務審計結果〉，中國在二〇一三年六月，中央政府負有償還責任的債務規模爲九八、一二九·四八億人民幣，地方政府則爲一〇八、八五九·一七億人民幣，兩者合計占中國二〇一三年的國內生產毛額比重爲三六·三八％。加計政府負有擔保責任的債務二九、二五六·四九億元人民幣，以及可能承擔一定救助責任的債務六六、五〇四·五六億元人民幣後，中國政府的債務規模爲三〇二、七四九·七億元人民幣，占國內生產毛額的比重則是上升到五三·二二％。

這樣的數據其實與諸多研究機構的預估相去不遠。例如，國際貨幣基金組織在二〇一三年七月十七日所發布的一篇報告〈IMF Country Report No. 13/211〉即指出，中國政府的負債水準約爲國內生產毛額的四五％左右。而中國社會科學院一篇〈我國政府性債務的測算框架和風險評估研究〉，則估算中國在二〇一〇年的政府負債占國內生產毛額比例約爲五九·二二％。渣打銀行在二〇一三年七月十一日發表的〈Asia Leverage Uncovered〉研究報告中，則認爲中國的政府負債約爲國內生產毛額的七八%。

從圖 2.11 中可得知，由中國政府債務占國內生產毛額比重從四五%到七八%的區間來看，並沒有明顯失控的狀況，因爲即使採用最高的估計值七八%來比較，中國政府負債占國內生產毛額仍低於美國的一〇六%、德國的八九%、OECD 平均值的一〇八．八%，更是遠低於日本的二二九．一%。

中國眞正嚴重的債務問題其實是發生在企業部門。

中國國家統計局前局長邱曉華曾在二〇一三年發布一份名爲〈困境中的突圍——二〇一三年中國經濟報告〉研究報告，在這

圖 2.11 中國政府債務占國內生產毛額比重未明顯失控

各國 2012 年政府債務占國內生產毛額比重（單位：%）

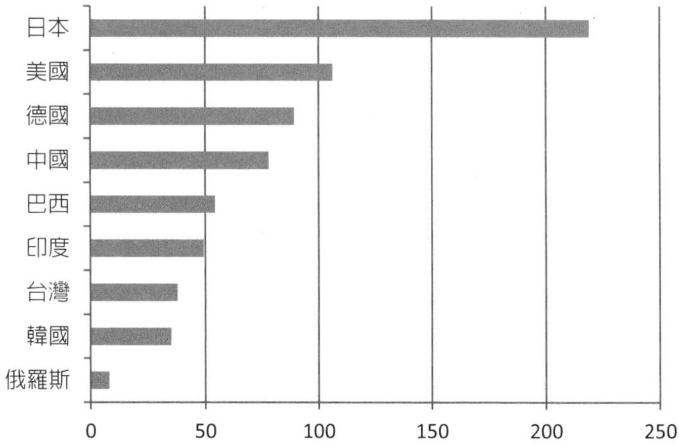


資料來源：OECD 2013/05/29 ; The Economist.

份報告中指出，中國企業負債占國內生產毛額比重高達一〇五．四%。渣打銀行在〈Asia Leverage Uncovered〉報告中也提出中國企業負債占國內生產毛額比重約為一一七%，如表 2.2 所示。不論是一〇五．四%或一一七%，這個數據在亞洲國家中都屬於偏高的水準。

中國企業的高負債自然是來自於前述的過度投資，由於地方政府的支持，許多企業因而在惡劣的資產負債表之下仍能獲得貸款，但這也造成本章所提到的產能過剩現象，企業的利潤也會因此而降低。然而，高負債其實還不是最嚴

表 2.2 中國企業負債占國內生產毛額比重位居亞洲之冠

亞洲主要國家 2012 年各項負債占國內生產毛額比重（單位：%）

| | 經濟體總債務 | 政府債務 | 非金融業企業債務 | 家庭債務 |
|---|---|---|---|---|
| 中國 | 214 | 78 | 117 | 20 |
| 日本 | 400 | 239 | 95 | 66 |
| 韓國 | 232 | 35 | 113 | 85 |
| 台灣 | 149 | 40 | 61 | 48 |
| 新加坡 | 255 | 113 | 68 | 75 |
| 印度 | 137 | 64 | 18 | 55 |
| 印尼 | 58 | 25 | 17 | 17 |
| 馬來西亞 | 181 | 56 | 79 | 45 |
| 菲律賓 | 81 | 43 | 33 | 6 |
| 泰國 | 149 | 40 | 61 | 48 |

資料來源：渣打銀行，"Asia Leverage Uncovered", 2013/07/01。

重的問題，因爲只要企業能夠還得出錢，那麼高負債所代表的只不過是使用高度的財務槓桿而已，最嚴重的問題在於中國企業的還款能力是相當薄弱的。

根據渣打銀行的同一份報告指出，中國企業的負債爲稅息折舊及攤銷前利潤（Earnings Before Interest, Taxes, Depreciation and Amortization, EBITDA）的三·四倍，相對來說企業負債占國內生產毛額比重也相當高的韓國，其負債只有稅息折舊及攤銷前利潤的二·八倍，而馬來西亞、新加坡與泰國則分別爲一·五倍、一·九倍與二·一倍，一般來說，這個比率只要超過兩倍，就表示企業面臨嚴重的還款壓力。

當企業無法創造合理的利潤時，就好比一個持續在出血的病人，面臨這個狀況就必須要透過大量的外部輸血，例如銀行的貸款或政府的補助等，這麼一來就會繼續推高企業的負債，最後變成一個只會吸血的「殭屍企業」，甚至把銀行與政府也拖下水，變成一個「殭屍經濟」。如果一個經濟體內充斥著過多的殭屍企業，投入再多的資源也無法創造出價值，經濟的停滯不前就成爲必然的結果，事實上，日本失落的二十年最主要的原因也就在於此，而中國之所以加大投資的力度也無法創造更多價值的原因也是如此。

中國的鐵路投資可以說是這其中的代表項目。根據中國鐵道部（二〇一三年三月十七日改制爲中國鐵路總公司）的資料，結至二〇一二年底，中國的鐵路營運里程數達到九．八萬公里，占全球鐵路里程數的百分之六，總長度排名全世界第二，而高速鐵路一．三萬公里則是排名全世界第一。根據中國國家高鐵產業發展的《中長期鐵路規劃》，至二〇二〇年，鐵路網總長便會達到十二萬公里，屆時中國高鐵的總里程數將占一萬六千公里以上。

以中國的經濟發展深度與經濟規模而言，這樣的鐵路發展規模已經遠遠超過其目前實際上的需求。因爲就鐵路的經濟型態而言，初期的投資雖有其規模經濟遞增的效益，也就是「網絡效益」，但當鐵路網密度超過一定水準之後，其投資效益就會開始遞減，回收期限就會大幅度的拉長。

舉例來說，如果今天只有一條南北向的鐵路，那麼就只有南北貨物與人員的運輸功能，然而，今天若再加上一條東西向的鐵路，其所創造的效益就比單純的南北鐵路大上一倍，但是當各個一級城市都已經有了綿密的鐵路運輸，那麼旅客可能會選擇其他的交通方式在一二級城市間往返，這麼一來，新建的鐵路所能創造的效益就會開始遞減，目前中國這排名全世界第二的鐵路與全世界第一的高鐵，就出現了這樣的問題。

我們從中國鐵道部的營運數據就可以發現，債務融資是中國鐵路建設主要的資金來源，二〇〇七年，中國鐵道部的負債比爲四二・四三％，而到了二〇一二年底，其負債比率已經高達六二・二％，負債總規模達到二・七九兆人民幣。以該單位的獲利條件來看，這樣的債務惡化問題恐將會延續下去，根據其所公布的二〇一一年財報，稅後淨利僅三千一百萬人民幣，而二〇一二年，獲利也僅有一・九六億人民幣。

鐵道部的負債只是四萬億投資泡沫的一個縮影，基礎建設相關的行業，包括鋼鐵、水泥、煤炭、玻璃也都出現了類似的狀況。前面提過中國的鋼鐵產業因爲浮濫投資而出現產能嚴重過剩的現象，而浮濫的投資則是建築在不斷攀高的負債率。根據中國鋼鐵協會的資料，二〇一三年上半年，全國八十六家大中型鋼鐵企業總負債已超過三兆人民幣，平均負債率爲六九・四七％，而同期的淨利只有二十二億人民幣。

雖然基礎建設的投資在未來十年或二十年之後，可能會發揮其應有的經濟效益，就如同一九八〇年代的美國鐵路泡沫及二〇〇〇年的網路泡沫一樣，它們都爲後來的經濟與技術發展奠定了良好的基礎，只不過從現在起的十年間，中國首先要面對的就是巨額投資所帶來的高額負債問題。

除了基礎建設行業的負債比率偏高之外、中國五大電力集團的負債比都在八〇%以上，主要房地產開發商的負債比也在八〇%左右，而太陽能電池產業的負債比更高達九〇%。相較於中國的政府債或地方債務而言，中國企業的負債其實才是那最嚴重的未爆彈。

龐大的負債在景氣趨緩期間顯得特別的沉重，由於中國的企業間普遍有著三角債的問題，在這樣的債務鏈中，只要有一兩家企業倒閉，那麼整體的債務危機就會爆發，甚至拖累許多體質良好的企業，最後則演變成金融體系的問題。以目前中國企業的債務水準來看，即便是在這樣的淘汰賽中存活下來的企業，恐怕也需要很長的時間，才能夠將這樣的負債降到合理安全的水準，那將會是一段漫長的去槓桿化過程。

## 浮誇，世界工廠

許多研究機構認為，中國經濟規模已經超日，趕美更是指日可待。確實，若按中國目前的成長速度來看，再過十幾年很可能就會超過美國成為全世界最大的經濟體。只不過中國現在的經濟成長已經開始趨緩，未來的成長速度能否維持在現有的水準仍是未知數，此外，相較於經濟的規模而言，中國經濟的品質恐怕需要更長的時間才能夠跟上美國。

根據安格斯．麥迪森（Angus Maddison）在《中國經濟的長期表現》一書中所述，中國早在一八二〇年代就已經是全球最大的經濟體，當時的經濟規模占全世界比重超過三〇%，還高於目前美國占全世界的比重二二．五%。

那是在清朝道光年間，中國出口大量的茶業、絲織品與瓷器到西方國家，而西方國家則是以白銀做爲代價，來向中國購買這些商品。當時的中國對於西方國家的商品需求並不高，因此對西方國家存在著大量的貿易順差，而在這樣的條件下，西方國家的白銀逐漸減少，當這樣的貿易方式無法繼續維繫下去之後，最後他們決定將「鴉片」銷售到中國，藉以平衡貿易逆差的問題。

之後清朝的虎門焚菸及後續所引發的中英鴉片戰爭，應較爲人所熟知了，當時身爲全世界最大經濟體的清朝竟是如此的不堪一擊，不僅輸給工業革命後的英國，在幾十年後，也在甲午戰爭中輸給明治維新後的日本。這也說明即便中國在十幾年後的經濟規模可能超越美國，但從實質上來看，中國距離「強國」可能還有段不小的距離，中國不應爲了可能成爲的世界第一大經濟體而自滿。

就如同本章一開始所引用朱鎔基的講話：「絕不可以盲目地樂觀，然後就浮誇，就折騰。我們歷史上有過這種教訓，形勢發展都是有週期的。」如果說自中國於二〇〇一年入世以來的這段黃金年代是因爲前一個十年所打下的基礎，那麼近十幾年這黃金年代裡參雜的浮誇水分，也就會是中國下一個十年經濟成長趨緩的最主要原因了。

中國之所以能有今天的成就，我們在第1章曾提到，這是因爲他在改革開放之後逐漸與這個世界接軌，而不再是過去那自絕於外的封閉體系。現在的中國，在經濟上慢慢的走向自由開放，一個自由開放的經濟環境有助於資源的分配與運用，也使得這些經濟體的發展更有效率，生產力持續提升，最終才能夠帶來豐碩的果實。

然而，經濟成長本就會有週期性的循環，產業的發展也是一樣，就如一句西方諺語所說：「樹是不會長到天上去的。」我們從第1章的內容就可以發現，中國改革開放的過程本來就不是一帆風順，嚴格來說其實是一路的跌跌撞撞，這本是經濟發展自然的週期與規律，因爲每一次的調整都是爲了下一次的成長做準備，但是近十多年來，中國政府、人民銀行，以及企業試圖透過人爲的干預來延續這樣的榮景。

在中國投資效率低落，資本形成占國內生產毛額比重持續創下新高的時候，中國政府沒有像過去一樣嚴格的進行宏觀調控，反而推出四萬億人民幣的救市政策；在各種基礎建設面臨產能過剩的時候，中國政府沒有落實淘汰落後產能，反而給予各式的補貼；在各種高科技產業面臨過度投資的時候，中國政府沒有落實市場競爭的機制，反而讓各式優惠的產業園區遍地開花。

當中國推出四萬億救市政策的時候，美國《時代雜誌》以一隻熊貓拿著打氣筒爲乾癟的地球打氣做爲封面故事，認爲中國將挽救世界經濟，然而實際上，中國的四萬億不僅救不了這個世界，甚至還把自己也給拖入了萬丈深淵。

不論是四萬億、過度投資、產能過剩或是債台高築這些現象，其原因就是來自於這個體系裡面的每一份子都渴望延續這樣的榮景，簡單來說，也就是朱鎔基所說的盲目地樂觀，然後就浮誇，就折騰。中國爲了表面上的榮景創造了一個浮誇的實體經濟泡沫，然而，問題更不只於此，因爲在這過程還衍生出另一個更爲嚴重的問題，那就是中國的房地產泡沫。

❶英文爲 Incremental Capital Output Ratio，簡稱 ICOR。增額資本產出率＝資本投入總額／國內生產毛額變動，意即增加一元的國內生產毛額需要投入多少的資本投資。數值越大，表示需要投入的資本越多，也就是投資效率越差，雖然這項指標並非相當的精確，但仍可做爲一項概算的參考指標。

## 第 3 章

# 泡沫，世界工廠

如果經濟運行體制上出現了錯誤，肯定會有錯必糾，
早晚會受客觀規律的懲罰。
如果經濟中出現明顯的泡沫，也是早晚都要出問題的。
——— 中國人民銀行行長周小川

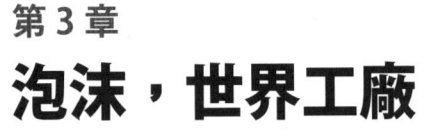

如同在第1章所描述，中國的經濟發展模式其實與過去的亞洲四小龍，或者更早之前的日本等東亞國家並無二致，雖然國情略有不同，但這些經濟體採行的方式就是自由開放與世界接軌，並且釋放民間的創造力與生產力。中國摸著石頭過河，讓他在短短三十幾年間就成爲全世界第二大經濟體以及最大的製造業基地，只不過，循著前人的腳步雖然可以少繞點路，但採取相同的經濟發展模式，往往也都會遇到同樣的阻礙。

日本在一九八〇年代曾經是全世界最炙手可熱的經濟體。哈佛大學教授傅高義在一九七九年出版《日本第一》一書，在書中寫到日本的工業生產力優於美國，並且仍在快速成長，相對來說，當時的美國則是陷於高通膨與高失業率的停滯性通貨膨脹困境，因此日本很快就會超越美國，成爲全世界最大的經濟體。然而，這樣的預言從來沒有實現過，現在的日本不但沒有超越美國，反而還落後於中國，退居爲世界第三大經濟體。

如果我們回顧日本這個經濟體大起大落的過程，一定會把一九九〇年當作一個重要的轉捩點。因爲正是在這一年，日本的股市與房地產泡沫開始破滅，時至今日，日本的股市與房地產價格都還遠遠不及當時的水準。

同樣的問題也發生在現在的中國，近年來有眾多的研究機構表示，中國在未來的十年到二十年間就會超越美國，成爲全世界最大的經濟體。這樣的預言很難不讓人聯想起二十多年前的日本第一論，巧合的是，一如當年的日本，中國的房地產價格在近十年來也出現了驚人的漲幅。

採取同樣的發展模式，就如同搭上了同一班列車，最後一定會到達同一個目的地一樣。東亞國家中，不僅是日本，包括香港、台灣，以及泰國都曾經在經濟快速發展的過程中，面臨資產泡沫化問題，現在中國的房地產之所以會走向泡沫化，似乎是一個無法避免的宿命。

## 外匯存底的詛咒

我在《民國一〇〇年大泡沫》一書中曾經提到「外匯存底的詛咒」這個論點，其所描述的是當一個經濟體的外匯存底出現快速且大量增加時，這個經濟體將會面臨房地產泡沫的威脅。我們在第2章曾經提過，中國的外匯存底近年來快速累積，現在已經是全世界擁有最多外匯存底的國家了。

所謂的外匯存底或外匯儲備，指的就是一個國家的央行所擁有的外匯資產。

一般來說，外匯資產中會涵蓋數種不同幣別的國際資產，其中又以重要貿易對手國的貨幣或其金融資產，以及像黃金這類的實體資產爲主，而這些外匯資產通常由該國的政府所保管。

在金本位時代，黃金是主要貿易強權國家所共同認定的主要儲備工具，而各個國家的貨幣與黃金之間有一定的兌換比率，當出口國銷售財貨給進口國並取得該國貨幣時，出口國有權力以前述的兌換比例，來向進口國要求兌換爲黃金；到了美元本位時代，美元取代黃金成爲國際主要的儲備貨幣，前述各國貨幣與黃金的兌換比率就成爲今天各國貨幣之間的匯率了。

那麼，爲什麼外匯存底激增時會產生資產泡沫呢？

當一個國家的個人或企業銷售商品或勞務至國外市場時，便能賺取外幣收入，這些外幣收入進到本國的金融體系後，便以外幣的形式儲存，然而，部分國家央行可能會強制要求結匯爲本國貨幣儲存，更有甚者，將透過外匯的干預來維持本國貨幣的弱勢以刺激出口。當一個國家的央行透過市場買匯或者阻升本國貨幣時，就必須要發行本國貨幣來收購這些外匯，如此一來，**央行所持有的外匯存底就會增加，但相對而言，央行也釋出了等額的本國貨幣到國內金融市場**。

在正常的經濟體制下，國際收支順差國的貨幣會逐漸升值，並且縮小順差的規模，甚至轉為逆差，這麼一來外匯存底就不會持續的累積，國內的貨幣供給也得以控制。很遺憾的，我們看到許多歷史上的個案都是由於政府為了維持「非理性榮景」，而透過各式的人為操控來介入正常的經濟運作，以至於**外匯存底不斷的累積，而這也代表著國內的貨幣供給不斷的增加，最終產生了資產泡沫，並且破滅，而這就是「外匯存底詛咒」的眞相。**

## 一九九○年日本大泡沫

一九四八年，「關稅暨貿易總協定」這個在自由、非歧視與多元化的原則之下，以促進全世界自由貿易為目標的協議正式上路。在那之後全球化進程逐漸加溫，造就了一個世界工廠，也就是締造了「戰後奇蹟」的日本。

日本在二次大戰之後，僅僅花了三十多年就從一片荒蕪的廢墟中重建，並成為全世界第二大的經濟體，除了日本的工業化基礎完善與教育制度良好之外，當時的國際政治環境也成為幫助日本重建的重要外力之一。

一九四九年中國共產黨的崛起、一九五○年的韓戰，以及一九六五年的越戰，都讓美國急欲扶植日本成爲其在亞洲的延續勢力，以對抗社會主義，也因此美國在日本戰後重建上給予許多協助，包括在一九五二年讓日本加入國際貨幣基金，次年更讓一美元兌三六〇日圓的匯率，成爲國際貨幣基金的官方認定價格，讓日本重回國際資本市場舞台，而日本也在上述幾場戰爭中成爲美國及其盟軍在亞洲的的主要軍需品供應國，因而創造所謂的「戰後經濟奇蹟」。

日本自一九七〇年代起便有著大量的經常帳順差，在一九七九年到一九八〇年的第二次石油危機中，雖然因爲石油價格的高漲而出現短暫逆差，然而，之後又再度回到原來的上升軌道。日本成爲全世界的出口大國之後，伴隨而來的則是日本的外匯存底也大量增加，從一九七九年到一九八七年間，增加幅度高達二．五倍，這樣的發展模式與改革開放後的中國幾乎是如出一轍。

我們從國際貨幣基金組織（International Monetary Fund，IMF）的統計資料便可以發現，一九七〇年代到一九八〇年代，日本經濟快速起飛，經常帳順差數字快速攀升，到了一九八七年，日本的國內生產毛額已經超越前蘇聯，成爲全球第二大經濟體。

日本的外匯存底從一九七〇年代開始，因爲經常帳順差的擴張而持續累積，如圖 3.1 所示，在一九八〇年代由於經常帳順差快速增加，日本爲了控制日圓能夠採取漸進式，而非一次性的大幅升值，因而釋出許多日圓以穩定匯價，也就是我們前面所說的干預匯率的行爲，這使得外匯存底累積的速度隨之快速增加。升值預期及持續強勁的經常帳順差讓外匯存底餘額激增，從一九七三年到一九八八年這十五年間，日本的外匯存底總共增加七倍，也意味著該國的貨幣供給是大幅度擴張的。

正當地球這一方的日本，透過前述模式沉浸在經濟快速增長的喜悅之時，另一邊的美國卻飽受巨額貿易逆差之苦，因此美國在一九八五年九月邀集日、英、法，以及西德等五個工業國，在美國紐

圖 3.1　日本經常帳順差自 1980 年起有持續擴大趨勢

日本 1977 年～1991 年經常帳數據（單位：十億美元）

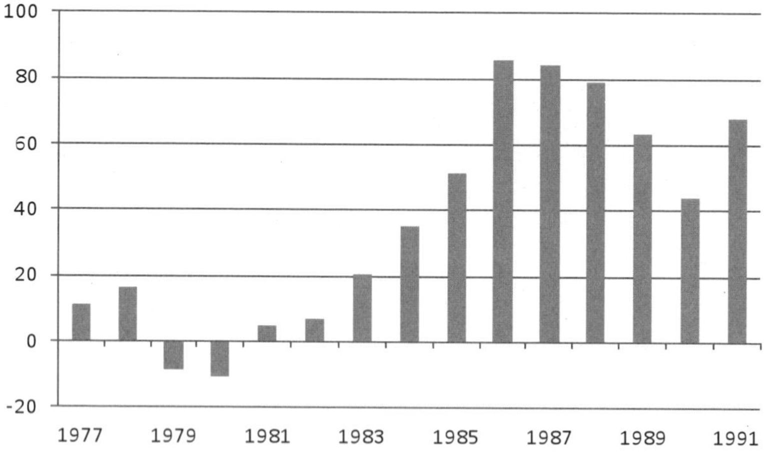


資料來源：IMF International Financial Statistics Yearbook 2002.

約廣場飯店簽署著名的《廣場協議》（Plaza Accord），要求各國貨幣升值以解決美國的貿易逆差問題。

日圓在簽訂協議後的三個月內，由一美元兌二五〇日圓升值到一美元兌二〇〇日圓，升值了二〇%，而在三年後日圓兌美元累計升值了八六．一%。其他主要貨幣如德國馬克、法國法郎與英國英鎊，則是分別升值了七〇．五%、五〇．八%，以及三七．二%。然而，由圖 3.2 的日本經常帳順差數據持續攀升來看，這樣的升值並沒有真正解決美國的貿易逆差問題。

《廣場協議》後大幅升值的日

## 圖 3.2　日本外匯存底自一九八〇年起出現快速累積

日本 1977 年～ 1991 年外匯存底（單位：十億美元）

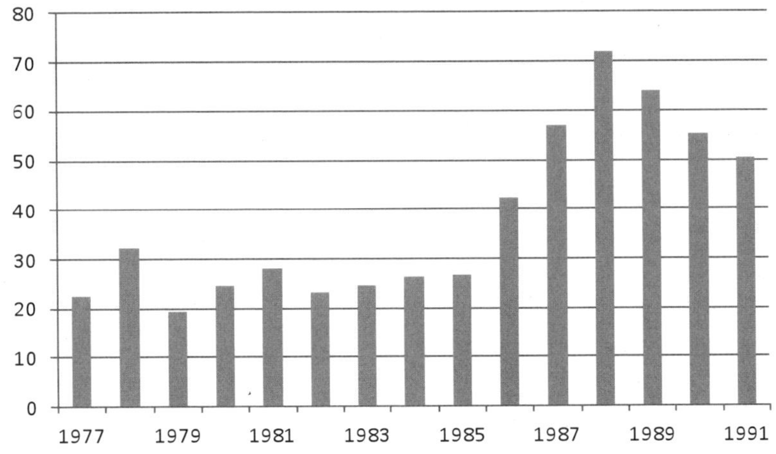


資料來源：IMF International Financial Statistics Yearbook 2002.

圓雖然沒有改變貿易順差的趨勢，卻在一九八六年初出現了短暫的「升值蕭條」，反應過度的日本政府立刻將克服「日圓升值蕭條」做爲重要政策課題，日本從一九八六年一月開始連續五次下調利率，基本利率由一九八五年的五%，調降至一九八七年二月以後的二．五%，這個利率是當時日本經濟史上的新低水準。

低利率與大幅經常帳順差，使得原本已經充斥浮濫貨幣的日本更是火上加油，泡沫的成長速度也越發增加。正當日本爲著日圓升值所可能帶來的蕭條做準備時，全球的景氣則在一九八七年底出現較快的增長，美國和德國的中央銀行分別將其基準利率提高至四．五%和六．五%，然而，正當日本也準備跟著升息的時候，美國股市卻在一九八七年十月十九日出現了所謂的「黑色星期一」，道瓊指數在一天之內下跌超過二〇%。當時的美國政府認爲如果日本銀行在這時提高利率，國際資金將無法及時向歐美市場回流，可能再次引起國際市場動盪，因此「建議」日本政府暫緩升息。

日本政府接受了這個建議，因此維持二．五%的利率，直到一九八九年五月才開始升息，這時距離前述的「黑色星期一」已經超過一年半。我們可以從圖3.3發現，在整個一九八〇年代期間，日本的M2年增率一直都維持在相對高檔的水準，相較於該國的國內生產毛額年增率來看，這樣的貨幣供給數量顯然有過多的疑慮。日圓升值加上長期寬鬆貨幣政策所創造的氾濫資金，就這樣創造了日本的股市與土地神話，然而，卻也釀成日本後來失落的二十年。

## 股市與房地產泡沫

日經二二五指數在一九八四年的時候約在一萬點上下徘徊，而一九八五年簽署《廣場協議》後，日圓快速的升值，加上之後長期的低利率政策所創造的大量資金，推升日經指數快速的上揚，一九八七年一月，日經指數突破二萬點，一九八七年三月，

圖 3.3 1980 年代，日本貨幣供給維持在高檔水準

日本 1980 年到 1991 年 M2 年增率（單位：%）

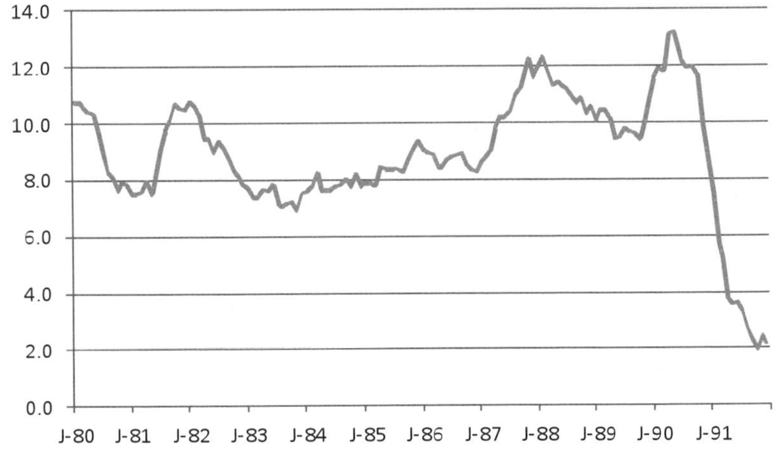


資料來源：日本銀行（Bank of Japan）。

日本股市的總市值占全世界股票市場總市值的三六%，正式超越美國，成爲世界第一。

在房地產方面，在一九八五年到一九九〇年間，日本國內興起一種「土地神話」的說法，由於日本國土有限，所以土地被認爲是最重要的資產，土地價格只漲不跌似乎成爲市場的定律，其實許多台灣民眾對於土地也有著類似的想法，也許這是身爲島國民眾的共同意識吧！隨著資金大量流入，股市的上漲也帶動土地價格的攀升，日本主要城市土地價格也開始快速上漲。東京、大阪等六大城市平均地價指數從一九八六年的四〇攀升到一九九〇年的一一〇，主要都市的房地產價格在四年之間上漲兩倍，那時光是東京一個城市的土地價格就可以買下全美國的土地，這就是日本經濟史上最燦爛，也是最龐大的一個金融泡沫。

## 一九九〇年台灣萬點泡沫

一九九〇年的台灣與日本一樣，出現嚴重的資產泡沫。當時台灣加權股價指數創下一二、六八二點的歷史高點，二十年過去了，這個數字到現在依然是台灣股市的天險，始終無法越過。當時的環境其實與前述日本所面臨的景況相當類似，同樣擁有長期的經常帳順差、政府同樣長期阻升本國貨幣、同樣出現巨額的外匯存底、同樣出現房市與股市的榮景，而最後當然也同樣是以壯烈破滅的泡沫收場。

一九八〇年代，約當是台灣六年級與七年級生出生的世代，那曾是台灣經濟成長最爲快速的一段時間。一九八〇年到一九八九年的十年之間，台灣的國內生產毛額由一．二兆新台幣大幅增加二三〇%，到了四兆新台幣，年複合成長率高達一二．六六%，這個成長率其實並不遜於中國在改革開放期間的表現。

## 雁行理論造就亞洲四小龍

當時的亞洲是由日本做爲區域經濟發展的火車頭，我們在前面曾提及當時日本的榮景，主要是因爲美國刻意扶植日本成爲冷戰時期的合作夥伴與戰爭時的物資供應商，使得日本經濟在一九八〇年代出現了快速成長，並創造所謂的「戰後經濟奇蹟」，而日本的快速成長也連帶使得周邊國家雨露均沾。由於日本經濟的快速發展，使得該國生產要素成本上漲，勞力密集型產業基於成本考量就開始外移到當時工資相對低廉且勞動力品質良好的台灣、韓國、新加坡，以及香港，一時之間「亞洲四小龍」成爲當時亞洲經濟奇蹟與模範。

到了一九八五年，日圓因爲《廣場協議》被迫兌美元升值，這使得部分的低階製造產業更進一步的移向亞洲四小龍及東南亞各國。因此台灣的出口自一九八五年以後便受惠於日圓的升值而大幅增長。一九八〇年，台灣的淨出口金額僅有三六二億新台幣左右，但到了一九八六年到一九八七年間，台灣的淨出口金額一舉站上五千五百億新台幣，占國內生產毛額比率也由二%左右，快速攀升到一八%，如圖 3.4 所示。出口完全主導了台灣的經濟發展，台灣的經

圖 3.4　1980 年代，台灣經常帳出現長期的順差

台灣 1981 年到 1990 年經常帳金額（單位：十億美元）

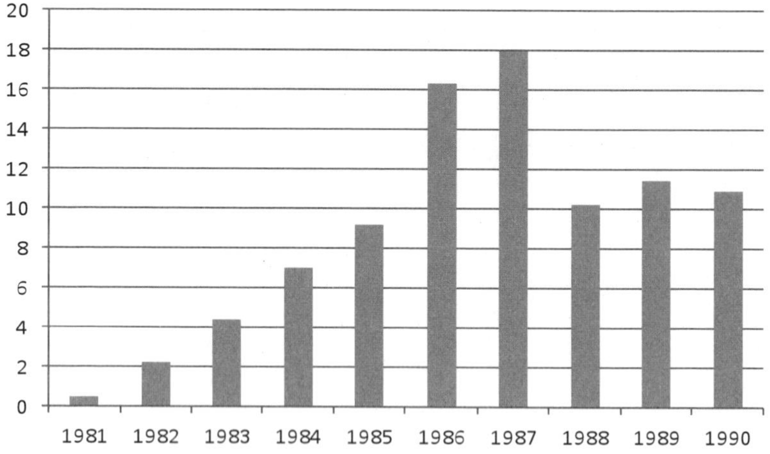


資料來源：中央銀行。

常帳順差快速增加，那是所謂的「台灣錢淹腳目」的時代。

## 外匯存底詛咒的再發生

在一九八〇年以前，台灣在外匯上所採取的是盯住美元的管制匯率制度，並將新台幣控制在一美元兌換三十五元到四十元新台幣的區間範圍。事實上，現在的台灣雖然名爲自由浮動匯率制度，但骨子裡還是實行這樣的管控制度，只是浮動的區間稍微放寬了一點而已。

然而，國際貿易與貨幣體系本有其自然調整的機制，一個擁有持續性國際收支順差的國家，長久下來必定要面對貨幣升值的問題。只不過多數的新興市場國家往往會透過匯率干預政策，來抑制本國貨幣的升值趨勢，長久下來就會造成國際貿易的不均衡，而這些破壞國際貿易機制的國家，最終則是要面對貨幣供給氾濫以及資產泡沫的問題，一九九〇年的台灣也是如此。

我們在前面曾經提到，一九八〇年的美國因爲無法承受巨額的貿易逆差，所以在《廣場協議》中，要求主要貿易對手國必須讓貨幣升值，用來改善這個貿易不均衡的現象。日本、法國、西德與英國等國家就因此被迫讓本國貨幣兌美元升值。台灣是當時美國所有貿易夥伴中除了日本以外的第二大貿易逆差來源，美國自然不會對台灣的干預匯率政策善罷甘休，因此透過許多方式來逼迫台灣政府讓新台幣升值。

在一九八六年之前，一美元兌新台幣維持在三十五元到四十元的區間，但到了一九八七年，也就是美國股市發生黑色星期一的那一年，美國擔憂經濟重現衰退，因此不僅要求日本不能升息，台灣也被迫開始讓新台幣大幅的升值。在一九八八年與一九八九年，美國在外匯審查中將台灣列為匯率操縱國，多次以《一九七四年貿易法》中的第三〇一條逼迫台灣放寬匯率管制，這就是在那個年代常常能聽到的「三〇一法案」。因此在這樣的背景之下，一直到一九八九年六月，也就是泡沫破滅的前一年，新台幣兌美元匯率最高曾來到二五．六元，在短短的三年到四年之間，大幅升值了將近四〇%。

新台幣這次的大幅升值與後來的股市萬點泡沫破滅，在台灣政府與人民的心中烙下一個相當深刻的印象，那就是「新台幣升值等於熱錢，也等於泡沫」，這讓全台灣上上下下避升值惟恐不及。但是，升值真的等於泡沫嗎？前述日本的案例與台灣九〇年代的泡沫型態最為接近，日本學者大前研一曾在《形塑生活者大國》一書中提到，日本舉國上下在經歷過該次的泡沫之後，全都患了「升值恐懼症」，沒有官員、學者、產業，甚至於民眾希望日圓升值，現在的台灣也是一樣，但這種想法根本就是倒因為果的思考邏輯。

本章一開始便強調「外匯存底快速且大量的累積」是一個泡沫指標，因為外匯存底快速且大量的累積就代表一個國家釋出太多的本國貨幣，而大量貨幣的釋出就會推升資產價格進而形成泡沫。

在一九八〇年到一九八六年間，台灣的外匯存底出現了快速且大量的累積，如圖3.5所示。到了一九八七年，一方面來自於美國的壓力，另一方面則是政府鑒於央行的外匯存底已經相當充裕，因此修改《管理外匯條例》，解除了政府強制結匯的規定。在一九八七年以前，新台幣是被刻意控制在一個穩定的區間，外匯存底也因著政府阻升新台幣而持續的累積，而當新台幣從一九八七年開始大幅升值並回歸市場機制之後，外匯存底的累積也就在一九八七年開始出現了停滯現象。

在一九八一年到一九八七年間，台灣政府為了維持新台幣的弱勢，而使得外匯存底大量的累積，台灣的貨幣供給也因此出現了快速的增長。然而，新台幣從一九八七年開始出現大幅升值，外匯存底累積趨緩之後，台灣的貨幣供給也開始隨之減緩，而我們從圖3.6可以發現，M2年增率自一九八七年開始出現明顯走緩，

圖 3.5　1980 年代，台灣外匯存底出現快速累積

台灣 1980 年到 1990 年外匯存底金額（單位：十億美元）

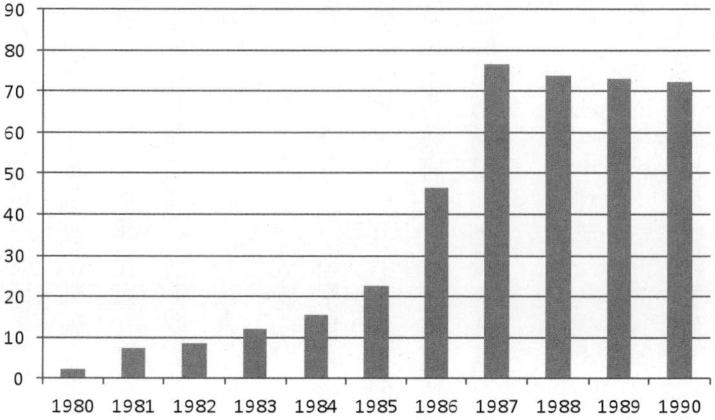


資料來源：中央銀行。

圖 3.6　1980 年代，台灣貨幣供給維持在高檔水準

台灣 1980 年到 1990 年 M2 年增率（單位：%）

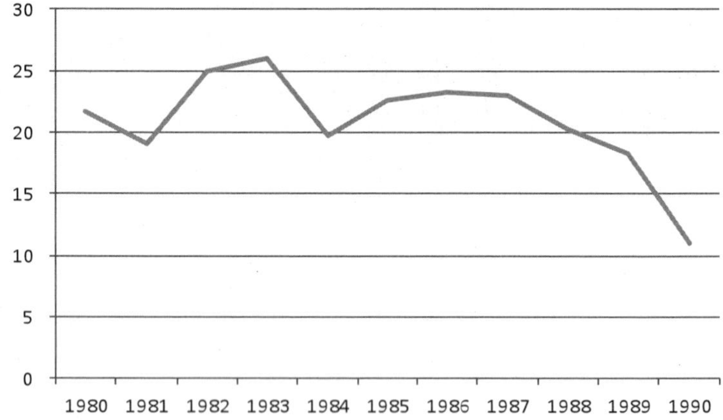


資料來源： 中央銀行。

而M1B年增率更是自一九八六年起就出現巨幅下滑，甚至到了一九九〇年還出現了負成長。

從上述的數據變化來看，我們可以推導出一個結論，那就是**造成房地產泡沫的原因是，抑制貨幣升值過程中所釋放出的大量貨幣，而當這樣的政策改變，新貨幣釋出的速度減緩時，資產泡沫的推升將無以爲繼而出現破滅**。

一九八七年之前，受限於《管理外匯條例》，因此在持續擁有國際收支順差的環境之下，央行被迫需要印製新台幣來收購外匯，外匯存底因此快速累積，而在這過程之中，台灣的貨幣供給也同時出現了驚人的成長。這些浮濫的資金最後會湧入股市與房地產市場尋求資產的增值，然而，當央行不再刻意維持弱勢匯率，或者因其他因素而減少貨幣供給時，股市與房市持續漲升的價格便無以爲繼，而開始出現回落。

## 瘋狂的股市萬點泡沫

台灣證券交易所設立於一九六一年，並於隔年開始正式營運，然而在經過漫長的二十五年以後，台灣加權股價指數才在一九八六年正式越過了一、〇〇〇點，但接下來的發展就是台灣股票史上最瘋狂的一段時間了，在短短的四年之內，股票指數上漲了超過十二倍。台灣加權股價指數從一〇〇〇點到一、〇〇〇點花了二十五年，但是從一、〇〇〇點到二、〇〇〇點卻僅僅用了短短的九個月時間，而在接下來的兩個月則是輕易的突破三、〇〇〇點與四、〇〇〇點。

一九八七年，美國的黑色星期一讓台股這波瘋狂的走勢出現了暫時的歇息，一九八七年十二月台股從高點回跌了近五〇％，來到二、二九八點，然而，就在半年以後，一九八八年六月，台股再度突破五、〇〇〇點，接下來兩個月又快速的攻克六、〇〇〇點與八、〇〇〇點，而在九月份的時候，台灣政府爲了壓抑股市泡沫問題，由當時的財政部長郭婉容提出課徵資本利得稅的政策，也就是台灣俗稱的「證所稅」（證券交易所得稅），這個政策的提出重挫了股票市場，指數由當年最高點八、八七〇點回落到年底的四、八七三點。

股市的大幅下跌，讓台灣爲數眾多的股民開始上街抗議，包圍財政部和財政部部長郭婉容官邸，並要求政府爲股市下跌負責。雖然開徵證所稅用來抑制股市泡沫的立意良好，但政府卻必須考量一九八九年年底的立委選舉選票，於是宣布不徵「證所稅」，股市因此又回到了瘋狂的軌道上，從此，「證所稅」就如同哈利波特中的佛地魔一樣，成爲台灣股票市場中不能說的禁語。

一九八九年六月台股創下九、〇〇〇點新高，並且在接下來的短短幾天之內快速突破萬點，一九九〇年二月，股市進入了最後的瘋狂階段，台股創下了一二、六八二點的歷史新高，這個數字一直到現在仍無法被超越。

我們若從其他一些統計數據來觀察，更是可以體會到當時股票市場的瘋狂程度，一九九〇年二月台股的泡沫頂峰，台灣的證券交易帳戶從一九八五年的不到四〇萬戶，暴增至四六〇萬戶，以當時台灣家戶總數約五一〇萬戶計算，幾乎已經進入家家炒股的狀態了。由成交量來看，台灣股市的日平均交易量也從不足一千萬美元，飆升至最高的五十六億美元，而單日最高成交量紀錄爲七十六億美元，是當時紐交所和東京交易所單日交易量的總和。

從產業別來看，新興市場股市主要的熱門族群多半是金融、地產、原物料與一些公營事業，而台灣當時主要的題材是金融股與資產股。例如，當時旗下擁有台北的一間旅店和一座野生動物園的六福開發，曾經出現連續十九支漲停，使得這家公司的市值達到八．三億美元，這個金額超過當時紐約的廣場酒店、香港的文華東方和曼谷東方這三家世界一流酒店的市值總和。

在金融股部分，一九八九年至少有六檔金融股創下千元以上高價，包括三家主要官股銀行都到達一、一〇〇元以上，國泰人壽達到一、九七五元，爲台灣股票史上股價最高的股票，當時的本益比爲二〇五倍，而中華開發漲到一、〇七五元，本益比爲六九四倍，台北企銀漲到一、一八〇元，其中，中國國際商業銀行在台灣泡沫最高峰時的市值竟是包括摩根大通、美洲銀行、富國銀行等五大美國銀行市值的總和，而其淨利潤卻只有這五大銀行的五%。到股市崩盤前的一九八九年最後一季，台股平均本益比達到一百倍，而同期全球包括新興市場在內的其他市場本益比卻都僅在二十倍以下。然而，二十多年過去了，現在許多金融股的價格都只剩下當年的百分之一左右而已。

## 土地的泡沫

房地產市場與股市走勢相近，一九八五年到一九八七年的三年間，當外匯存底開始呈現倍數增長的時候，資金不僅流入了股票市場，同時也進入了不動產市場。台北市的房地產在一九八七年到一九八九年的三年之間上漲了超過一倍，而與股市不同的是，房地產在漲升的過程中幾乎沒有回檔的現象，每年甚至每季的價格都出現持續的上揚。

然而，好景不常，一九八九年二月，台灣中央銀行調升存款準備率，並對銀行的住宅放款實施管制措施，這些作法使得貨幣供給快速緊縮，一九八九年的M1B年增率僅剩下四．九七%，而一九九〇年更是出現六．六%的負成長。台灣股市在一九九〇年全年跌掉了九、〇七一．三點，但值得注意的是，房地產的價格在股市泡沫破滅之後卻仍繼續向上攀升，直到兩年之後才見到高點。

台北市房地產在一九九二年見到高點之後，在四年之內下滑了二〇%，一些郊區或二級城市的房價甚至出現了四〇%以上的跌幅，若以貸款的槓桿效果來看，其所造成的損失甚至還遠超過於股票市場。股市泡沫的破滅拖累了房地產的價格，導致金融機構開始發生經營危機，許多貸款者相繼破產，造成銀行的呆賬和壞賬大幅增加，而台灣的房地產價格一直到了二〇〇三年才回到當時的高點。

## 一九九七年亞洲金融風暴

日圓兌美元在《廣場協議》之後出現大幅度的升值，影響了企業在日本當地投資的意願，大量的企業與投資資金因此紛紛移往成本較低的亞洲各國，這些資金的移轉不僅僅造就了「亞洲四小龍」，甚至也創造東南亞各國的經濟奇蹟，只不過這種快速的資金流入卻也爲接下來的亞洲金融風暴埋下了不安定的未爆彈，我們接下來將以亞洲金融風暴中受創最深的泰國做爲案例，來說明外匯存底的快速激增所釀成的金融泡沫。

與前述兩個案例相同的是，泰國在亞洲金融風暴爆發之前，同樣出現了外匯存底快速增長的現象，但是與日本及台灣不同的是，泰國之所以會累積巨額的外匯存底並非因爲經常帳順差所造成，如圖 3.7 所示，相對的，泰國在一九九〇年到一九九七年間幾乎每年都出現數十億甚至上百億美元的經常帳逆差，而讓泰國能夠累積巨額外匯存底的主要原因，就在於海外資金大量流入所創造的金融帳順差，見圖 3.8 所示，當金融帳的流入遠大於經常帳流出之時，外匯存底便以驚人的速度快速累積。

圖 3.7 亞洲金融風暴前泰國經常帳出現連年逆差

泰國 1985 年到 1998 年經常帳數據（單位：十億美元）

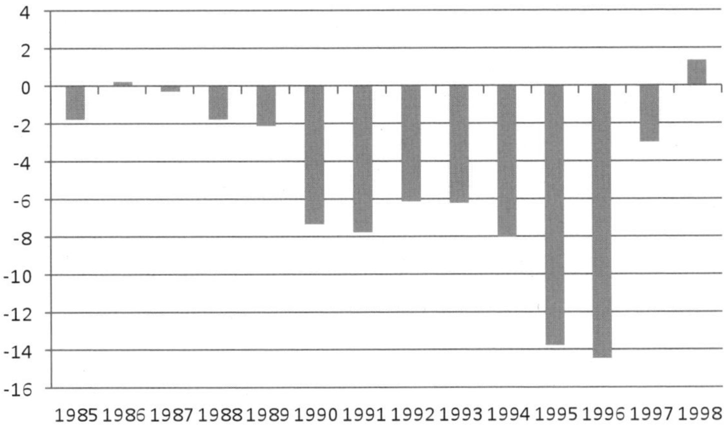


資料來源： IMF international financial statistics yearbook 2002.

圖 3.8 亞洲金融風暴前泰國金融帳出現連年順差

泰國 1985 年到 1998 年金融帳數據（單位：十億美元）

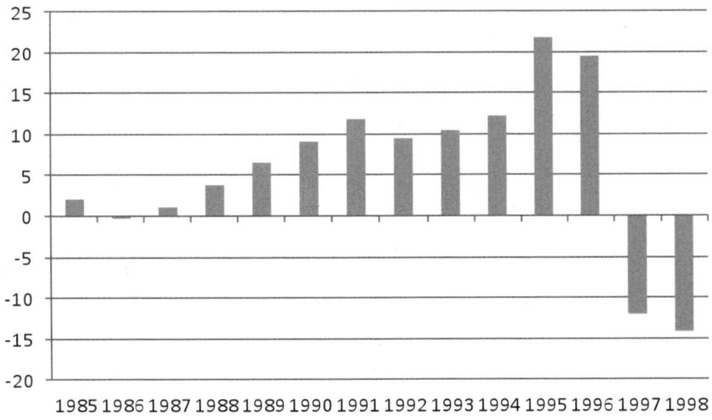


資料來源： IMF international financial statistics yearbook 2002.

泰國政府自一九八四年開始便實施盯住美元的匯率政策。一九八五年開始，各主要國家貨幣因《廣場協議》而出現兌美元的大幅升值，泰銖盯住美元之後，便呈現相對弱勢，而得以維持其出口的優勢，也因此我們可以發現從一九八五年到一九八九年間，泰國的經常帳保持在小幅的順差與逆差，而絕對的貿易額更是出現大幅的成長，然而這樣的景況卻在一九八九年開始出現了改變。

在第1章提到了東歐於一九八九年所發生的系列革命。一九八九年東歐各國脫離社會主義與計劃經濟，一九九〇年柏林圍牆倒下，一九九一年蘇聯解體，冷戰時代正式結束。過去在冷戰時期，美國在東南亞各國駐軍並給予經濟上的援助，然而，當冷戰時期結束，美國所給予的經濟支援也隨之減少，而前蘇聯與其陣營在脫離計劃經濟之後，也加入了國際貿易的陣營，低廉的工資使得這些前社會主義國家所出口的產品在國際市場上具有相當的競爭力。人民幣在一九九三年的匯改一次貶值了三三%，讓中國製造商品快速的搶占了市場地位，一九九四年的墨西哥金融危機讓拉丁美洲國家貨幣大幅貶值。這些因素都使得盯住美元的泰國製造商品的國際競爭力遭遇嚴重的挑戰，也因此泰國在一九九〇年代開始出現了巨額的經常帳逆差。

泰國政府爲了平衡國際收支，因此透過許多措施來吸引海外資金投入，其中一項就是提高本國的利率。一九九一年泰國國內的存款利率高達一三・六七%，爲當時所有亞洲國家之冠，而政府公債的收益率則是高達一〇・七五%。由於當時泰國採取盯住美元的匯率政策，因此外國的資金在投資泰國時，可以忽略匯率波動所可能造成的風險，低匯率風險加上高利率使得許多國際套利資金紛紛湧入，從上述的圖 3.7 和圖 3.8 可以發現，自一九八九年開始便有大量的國際資金流入泰國，而泰國政府爲了彌補巨額的經常帳逆差及財政赤字，也相當歡迎國際資金的投入，同時也大量向國際發行債券，使得當時的外債規模從一九九二年底的三九六億美元增加到一九九六年底的九三〇億美元，相當於GDP的五〇%。

由於海外資金的流入遠大於經常帳逆差所造成的資金流出，因此泰國的外匯存底自一九八五年到一九九六年的十年之間大幅成長了將近十倍，見圖 3.9 所示。而我們一再在本章所強調的觀念是，外匯存底的增加意味著釋出大量的本國貨幣，而泰國的貨幣供給在上述期間內也大幅擴增了四倍之多。

當貨幣大量釋放到市場時，銀行的信用放款也會跟著急速擴張，由於泰銖匯率被高估，以致泰國的商品在國際市場上競爭力並不強，而泰國的經常帳也已經出現連年逆差，因此多數的資金都不願投入實質的生產行爲，反而是流向高風險的房地產和股市。在一九九七年亞洲金融風暴來臨之前，泰國房地產約積壓了八十五萬套建案，以當時的市場需求來看，這個餘屋規模需七年時間才能完全消化，而商辦大樓的空置率更是高達二〇%以上。在一九八九年到一九九六年間，泰國國內的住房貸款額增加了五倍多，房地產貸款超過銀行貸款總額的五〇%，遠高於東南亞各國的平均水準。

這樣的泡沫當然無法長久持續下去，一九九七年二月，以索羅斯（George Soros）爲首的國際投機客掀起了一股拋售泰銖的風潮，當月向泰國銀行借入了總額高達一百五十億美元的遠期泰銖合約，並於現匯市場大規模拋售。泰國央

**圖 3.9　亞洲金融風暴前泰國外匯存底出現快速增加**

泰國 1985 年到 1997 年外匯存底（單位：十億美元）

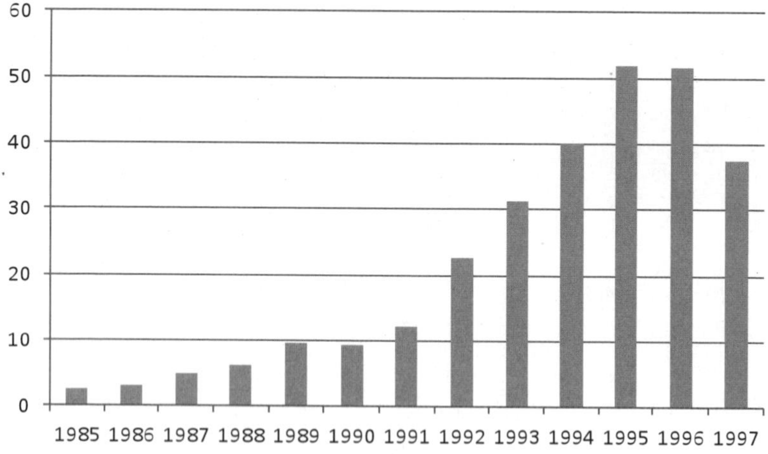


資料來源： IMF international financial statistics yearbook 2002.

行爲了堅守盯住美元的匯率政策，因此動用了近二十億美元的外匯存底來平息這波攻擊。一九九七年三月，泰國央行要求國內數家資產品質不佳的金融機構提高壞帳準備金比例，政府原希望藉此穩定民眾信心以及強化金融機構體質，反而讓民眾對於金融體系產生動搖，不僅出現了大量擠兌現象，投資者也開始出現大量賣出金融銀行類股的股票。

一九九七年五月，國際投機客掀起了第二波的攻擊，使得泰銖的匯價多次突破泰國央行所規定的匯率浮動區間，這現象引起市場恐慌，認爲泰國政府將守不住底限，使得當地的金融機構與企業也紛紛加入拋售泰銖搶購美元的行列，這次泰國央行動用了五十億美元的外匯存底，同時禁止泰國銀行向外借出泰銖，暫時控制了這個局面。一九九七年六月，泰國財政部長請辭，市場推測這將是泰銖貶值的前兆，泰銖接著又出現了另一波的貶值，這時泰國股市已經跌至今八年來的低點。一九九七年七月，泰國中央銀行突然宣布放棄已堅持十四年的盯住美元匯率政策，改爲浮動匯率制，泰銖當日聞聲下跌一七%，創下歷史新低，泰國金融危機與亞洲金融風暴就此爆發。

## 房產泡沫是經濟發展失敗的結果

氾濫的貨幣持續湧入房地產後將會釀成房地產泡沫，而仰賴房地產所推動的經濟成長是無法長久延續下去的，雖然台灣曾經有官員表示：「房地產是經濟發展的火車頭」，然而房地產泡沫的發生其實是經濟發展失敗的結果。

市場上的資金永遠會去追逐報酬率較高的投資機會，假設今天市場充滿了創業與投資的機會，那麼大量的資金會湧入房地產市場嗎？顯然是不會的。從這樣的角度來看，我們可以把房地產泡沫歸咎於流動性過高，也可以歸咎於現行產業結構已經不敷潮流，這二者其實是一體的兩面。

日本經濟學者赤松要在一九三二年發表了一篇論述日本及亞洲國家出口商品生命週期的論文，其模型稱爲「雁行理論」。在這個模型中描述特定開發中國家所生產商品的變化，及這些商品在不同發展程度國家間移轉的現象。以亞洲而言，日本就是那領頭雁，隨著日本的生產要素成本逐漸增加，而後進國家的生產技術提升後，部分商品移至後進國家生產將會更具競爭力，也因此處於不同階段的產業就會在這些國家之間遷移。

以鞋類製品來看，我們可以發現表 3.1 中顯示在不同的時間點，是由不同的國家擁有該項商品的競爭優勢。例如，日本的優勢展現在一九六五年之前，在那之後這些商品的優勢移轉到了當時的亞洲四小龍，如台灣與韓國，接下來則是中國。隨著中國的製造成本逐漸上升後，菲律賓、泰國與印尼等東協國家也慢慢加入了競爭的行列，到了二〇〇〇年時，孟加拉與柬埔寨也開始嶄露頭角。

這樣的現象其實與第 1 章原始部落故事中，由封閉的經

**表 3.1　不同時間亞洲各經濟體在鞋類製品上的比較優勢**

| | 1962 | 1965 | 1970 | 1975 | 1980 | 1985 | 1990 | 1995 | 2000 |
|---|---|---|---|---|---|---|---|---|---|
| 日本 | ■ | ■ | | | | | | | |
| 韓國 | | ■ | ■ | ■ | ■ | ■ | ■ | | |
| 台灣 | | ■ | ■ | ■ | ■ | ■ | ■ | | |
| 中國 | ■ | ■ | ■ | ■ | ■ | ■ | ■ | ■ | ■ |
| 菲律賓 | | | | | ■ | ■ | ■ | | |
| 泰國 | | | | | | ■ | ■ | ■ | ■ |
| 印尼 | | | | | | | ■ | ■ | ■ |
| 印度 | | | | | | | ■ | ■ | ■ |
| 越南 | | | | | | | ■ | ■ | ■ |
| 斯里蘭卡 | | | | | | | | ■ | ■ |
| 緬甸 | | | | | | | | ■ | ■ |
| 孟加拉 | | | | | | | | | ■ |
| 柬埔寨 | | | | | | | | | ■ |

資料來源：United Nations Statistics Division 2011.

註：所謂的比較優勢是指鞋類製品占該經濟的出口比重除以鞋類製品在全球出口比重，如果該數值大於 1，則這個經濟體在鞋類製品有比較優勢，深色區塊表示該經濟體具有優勢的期間。

濟體系轉為國際貿易型態是一致的。開發中國家雖然在生產技術與效率尚無法與已開發國家匹敵，但就著低廉的生產要素與比較利益原則來看，他們在特定的產業仍具有相對的競爭力。日本一直以來就是亞洲的領頭雁，多數的產業也就在這樣的條件下從日本開始萌芽，之後則是在亞洲各個國家間流轉。

「雁行理論」認為一個經濟體的發展過程，其實就是產業結構持續的轉型。舉例來說，日本在鞋類製品的競爭優勢於一九六五年被韓國與台灣所取代時，日本企業應該要怎麼因應呢？

一種可能就是奉行「雁行理論」，將生產基地由日本遷移到台灣或韓國，最後再遷到中國與東協國家。選擇這種模式的企業就如同游牧民族逐水草而居一樣，只不過這些企業所追求的是更為低廉的生產要素，例如勞工、土地、稅負等，而這也正是雁行理論背後的成立邏輯。

另一種可能是這些企業繼續留在日本。只不過這些企業如果與過去一樣生產相同的產品，那麼勢必無法與台灣或韓國競爭，所以這些留在日本的製鞋業者，要不就是選擇生產出更高品質的鞋子，要不就是透過自動化的設備大量生產，以期能夠與台灣或韓國競爭，而不論是那一種，同樣都是生產力提升的展現，也就是我們所說的產業升級。

然而，並不是所有留在日本的製鞋業者都能夠實現產業的升級。倘若有部分的業者無法提升生產力，因此無法與台灣或韓國競爭，最後面臨裁員甚至倒閉的現象，那會發生什麼事呢？

每當產業結構面臨轉換之際，許多國家的政府除了給予補貼與紓困之外，另一個常見的作法就是祭出極度寬鬆的貨幣政策，給予企業在匯率及利率上的協助。然而在本節一開始便提到，倘若現行的產業結構已經不敷潮流，那麼，對市場投入再多的資金也只會流入房地產市場，創造資產泡沫罷了。

這也是爲什麼歷史上幾起重大的房地產泡沫，都發生在該國實體經濟開始出現問題的期間。日本在一九八五年因《廣場協議》而讓日圓開始升值，在一九八六年初出現了短暫的「升值蕭條」後，反應過度的日本政府立刻將克服「日圓升值蕭條」做爲重要政策課題。日本在當年度十一月開始連續五次下調利率，釋放了大量的貨幣流動性到市場上，也成爲日本在一九九〇年股市與房地產泡沫的主要成因。

一九八〇年代的台灣也正值由輕工業轉型爲電子產業的年代，重貼現率則是由一九八一年的一三・五％一路調降到一九八七年的四・五％，而這正是一九九〇年台灣萬點泡沫的導火線。

同樣的問題也發生於美國在二〇〇〇年的網路泡沫。當時的聯準會主席葛林斯班（Alan Greenspan）在泡沫破滅後之後快速的下調基準利率，由當年的六．五%下調到二〇〇三年的一%，並維持相當長的一段時間，而這段期間的低利率與寬鬆貨幣也正是釀成日後次貸風暴的主要原因。

目前正在發生的就屬中國、香港與台灣的房地產泡沫了。次貸風暴與歐洲主權債務問題讓亞洲出口導向的企業面臨了經營困境，當時的美國與歐洲都推出量化寬鬆及類似的寬鬆貨幣政策，而中國與台灣也同樣的透過不同方式來釋放出大量的貨幣與刺激政策。當時，瑞士信貸的經濟學家陶冬說了一句很有意思的評論：「中國沒有美國的病，卻吃了同樣的藥！」我認爲這樣的比喻實在是太貼切了。

當時的美國因爲次貸的問題導致金融體系崩潰，而歐洲的主權債務危機在當時擴散到了持有大量政府債券的銀行體系，寬鬆資金得以維繫兩個經濟體金融系統的運作而不至於斷鏈。然而，當這兩個國家的消費能力因著不同的原因而削弱時，自然也就對於出口到這些區域的經濟體產生了連動的影響，例如中國與台灣就是如此。

在第2章提到，這些亞洲國家透過控制匯率以提升出口競爭力的方式，會創造出貿易對手國的超額需求與本國的超額產能。當美國與歐洲因著自身的金融問題而無法維繫過去的消費能力時，這些出口國的超額產能就瞬間變成了閒置產能。這個時候應該做的是淘汰市場中落後的企業與產能，讓領先的企業得以在下個階段爭取到更多的競爭力才是。

那麼，中國與台灣在二〇〇八年時做了什麼？

中國在二〇〇八年十一月推出了四萬億人民幣的刺激經濟方案，而後更推出了一連串包括家電下鄉、汽車下鄉等消化超額產能的政策。除此之外，也多次調降存款準備金率，並將一年期的貸款利率由七·四七％調降到五·三一％。台灣則是在二〇〇九年初發放消費券，並將央行重貼現率由三·六二五％調降到一·二五％。我們試圖透過各式的補貼來吸收國外減少的需求，試圖透過寬鬆的貨幣政策來維繫企業的營運，但這樣的補貼只會引來資源的誤用與浪費罷了。

這些大量釋放的資金，最終並沒有投資在實體產業，而是進入了房地產市場。因為在一個景氣低迷的時間點，大多數的實體投資並無法創造令人滿意的報酬率，企業主即便擁有再多的現金與借款也不會投資到自己所經營的業務上，而短時間所釋放的大量資金就堆積到了房地產市場。這正是為什麼在當時會有許多的企業集團投入了房地產開發，包括許多企業主也用個人的名義投入房地產，其中不乏遊走在法律邊緣而因此身陷囹圄者。

這也是爲什麼我會說房地產泡沫其實是經濟發展失敗的象徵，因爲市場上氾濫的資金找不到合適的投資標的，只能進入房地產市場，在這樣的條件之下，我們會發現投入再多的貨幣也無法改變產業結構與競爭力的問題，反而讓本來應該淘汰的二線業者有了更多生存的空間。寬鬆的貨幣反而阻礙了經濟的發展，因爲整個產業的結構並沒有因寬鬆貨幣而改變，甚至可能更爲惡化，而更嚴重的是我們又創造了另一個問題，也就是房地產的泡沫。

## 泡沫，世界工廠

我們在第1章談到中國這個新一代世界工廠的崛起，而中國在一九九三年的匯改絕對是一個重要的轉捩點，中國在當時讓人民幣兌美元一次貶值了三三%，並在之後維持盯著美元的政策相當長一段時間。便宜的人民幣、中國的改革開放，以及加入世界貿易組織，讓中國的經常帳與金融帳出現了快速的增長。

經常帳與金融帳的雙順差本會讓一個經濟體的貨幣出現升值的趨勢，從而逐漸減少順差的規模，然而，前述人民幣盯著美元的貨幣政策卻扭曲了這樣的機制。

當人民幣的升值趨勢被壓抑之後，中國的經常帳就不會因爲匯率的問題而自我調整，反而是呈現逐年的擴大；而在金融帳的部分，國外資金也因爲人民幣的升值預期而持續的匯入，因而創造了中國長期的經常帳與金融帳雙順差，見圖 3.10 所示。

中國人民銀行爲了控制人民幣升值的趨勢，必須釋放大量的人民幣來購買外匯，這麼一來就會累積大量的外匯存底。中國的外匯存底從二〇〇〇年到二〇一三年底，增加超過三兆美元，並位居全世界之冠，超過第二名的日本達一・六兆美元，如圖 3.11 所示。

圖 3.10 中國自 1993 年匯改後，維持長期的經常帳與金融帳順差

中國 1993 年～2012 年經常帳與金融帳數據（單位：十億美元）

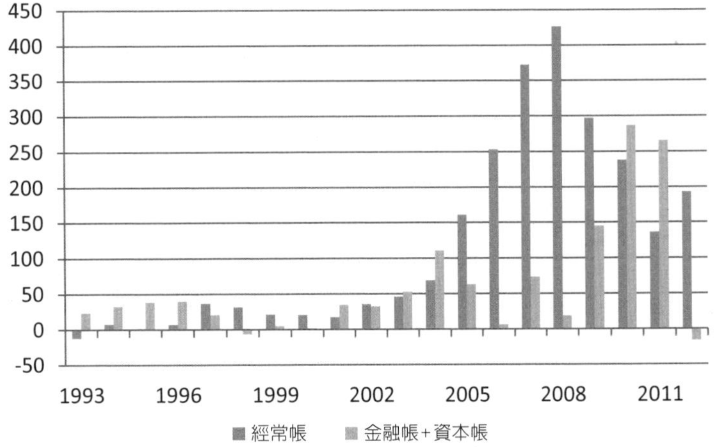


資料來源：中國國家統計局。

圖 3.11　中國外匯存底位居世界第一，突破 3.8 兆美元

中國 1978 年～2013 年外匯存底（單位：十億美元）

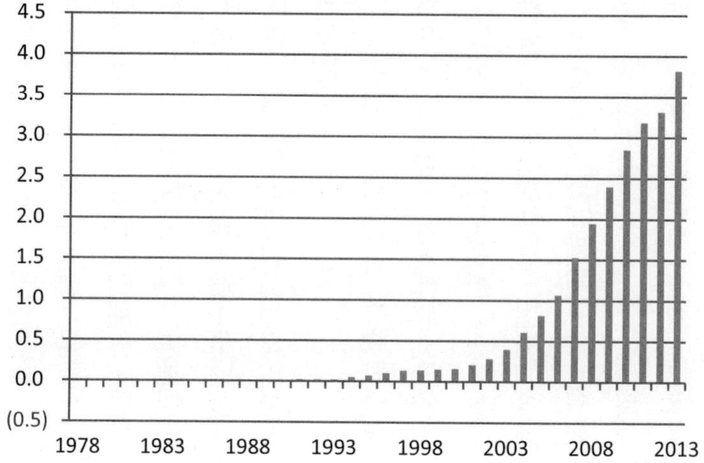


資料來源：中國國家外匯管理局。

圖 3.12　全球外匯存底排名，亞洲國家居多

2013 年 6 月全球外匯存底排名（單位：兆美元）

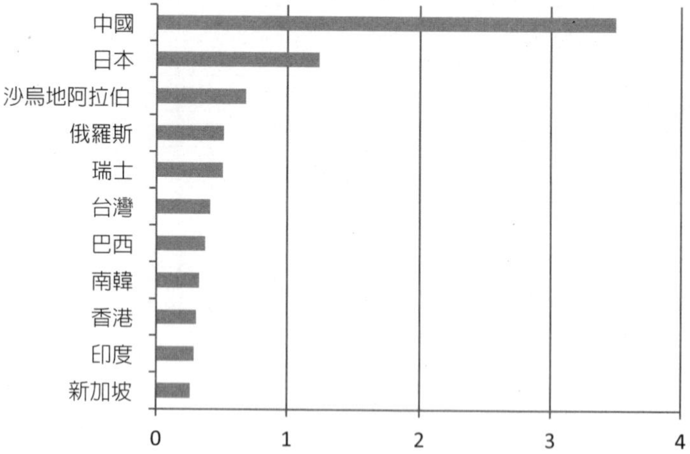


資料來源：IMF，巴西為 2013 年 5 月的資料。

以過去日本的泡沫經驗來看，一九八〇年到一九九〇年間，其外匯存底增加的金額也不過是三一〇億美元而已，而台灣雖然增加的金額比較多，但從一九八二年到一九九〇年之間，外匯存底增加的數目也僅是六四〇億美元左右，相對來說，中國目前的外匯存底增速與存量，在過去的經濟史上都是前所未見的，其所代表的意義就是中國資金氾濫程度是相當的驚人。

這樣的模式並非是中國所獨有，如同在第1章所說的，中國不過是循著東亞國家的經濟發展路線在前進罷了。我們從二〇一三年六月全球外匯存底的排名就可以發現這個現象，如圖3.12所示，在排名前十一名的國家中，包括日本、中國，以及過去的亞洲四小龍都名列其中，此外，也包括了金磚四國中的其他三個國家，分別爲印度、巴西與俄羅斯。

由絕對金額來看，並不容易了解這個國家的外匯存底是否屬於正常的水位，畢竟每個國家的經濟規模大小有別，然而，若從外匯存底與國內生產毛額的比例，便可以清楚了解一些國家的外匯存底規模已經超出正常的水準了。

以金磚四國爲例，中國的外匯存底爲國內生產毛額的四二·五％，這個數值遠超過印度的一五·七八％、巴西的一五·六三％，以及俄羅斯的二五·四一％；亞洲四小龍中，最高的是香港的一一五·四％、其次分別爲新加坡的

九三．五九%、台灣的八六．八七%，以及南韓的二八．二四%。我們可以發現，那些明顯對於匯率進行調控的國家，相對於其他國家來說累積了更多的外匯存底。

我們在前面提過，這些國家在抑制匯率升值的過程當中必須釋出大量的本國貨幣，這個部分屬於一個國家的基礎貨幣，而央行所釋放出的基礎貨幣再透過貨幣乘數的效應，便成為我們一般所泛稱的廣義貨幣M2了。我們可以從圖3.13中看見，前述外匯存底占國內生產毛額比例較高的經濟體，在透過貨幣乘數效應之後，其M2占國

圖3.13　亞洲國家普遍擁有較高的M2/GDP比例

各國2012年M2/GDP比重（單位：%）

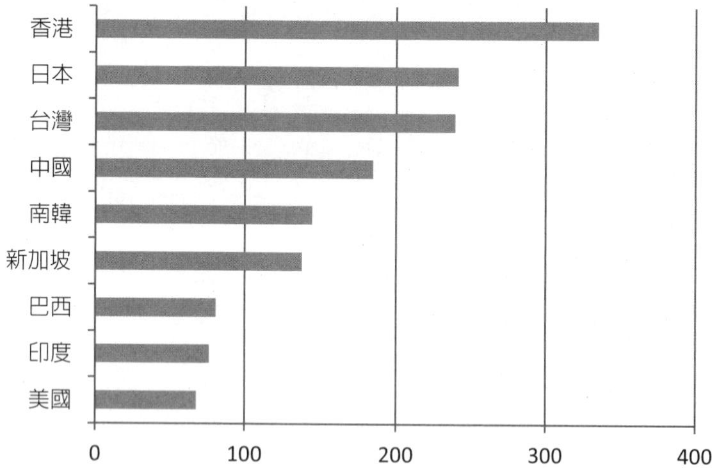


資料來源：世界銀行。

內生產毛額比例更是遠高於其他的國家，例如香港的比例接近三五〇%，而日本、台灣、中國、南韓與新加坡都在一〇〇%以上，相對來說巴西與印度這一比例都只在八〇%左右，近年推動多次量化寬鬆的美國，更是只有六七・七五%，這也說明了前述東亞經濟體貨幣浮濫的情況相當嚴重。

## 房地產漲勢蔓延至二、三線城市

前述這些高外匯存底及高M2／國內生產毛額比例的國家，也正是近年來房地產漲幅較高的幾個國家，例如香港、台灣、中國、南韓與新加坡都是如此，而這也說明了我們前述認爲貨幣爲房地產價格上漲主因的推論是正確的。

資產價格的持續攀升絕對是釀成泡沫崩潰的主要原因，這就像持續的在往砂堆上堆砂粒一樣，堆得越高，崩塌的危機也就越高，當然所造成的損害也就會越嚴重。二〇〇八年的四萬億刺激方案推出之後，中國的房價重啓漲勢，以中華人民共和國國家統計局的資料來看，二〇一〇年十二月全國房屋銷售價格指數年增率是上漲了六・四%，顯示市場仍然持續的在把砂堆往上堆，然而若仔細去分析中大城市漲幅的排名就會發現，當時沿海都市的房地產價格已經有些堆不上去的現象，這其實也就意味著這些地方崩塌的機率已經是非常的高了。

從圖 3.14 中二〇〇九年十二月的數據來看，房屋銷售價格指數年增率上漲前十五名的多半是沿海的中大型城市，然而，如圖 3.15 所示，到了二〇一〇年十二月，前十五名幾乎是全部換過一輪，多爲西部、東北及內地的城市。這樣的現象與股票市場的表現非常類似，在股票市場裡一般來說也都是大型股與績優股會領先市場有所表現，而等到這些股票漲高了，拉升了市場整體的本益比之後，市場上的資金就會去尋找小型股跟一些二線的族群來炒作，所以在股市漲升的末端，我們往往可以發現許多冷門的股票表現非常亮眼，然而，這個時候多半也都已經到了牛市的尾聲了。

房地產的狀況也是一樣，例如台灣一開始的打房政策是防堵台北市跟新北市這兩個高房價的地方，包括提高第二套房的自備款等等措施，然而這樣的作法只是在下游防堵而已，如果上游的資金水龍頭沒有關上，下游再怎麼堵也只是讓資金流竄到其他的地方，例如桃園、台中與高雄等，二〇一〇年第三季，台中的房價就位居五大都會區之冠，而第四季則輪到高雄成爲房價漲幅最高的都會區，政府的打房政策只是讓泡沫繼續蔓延罷了。

中國的狀況其實也是一樣的，一線城市的房價炒高了，大家也知道有風險，

## 圖 3.14 2009 年 12 月房屋銷售價格指數年增率前十五名多為沿海大型城市

2009 年 12 月七十個大中城市房屋銷售價格指數前十五名（單位：%）

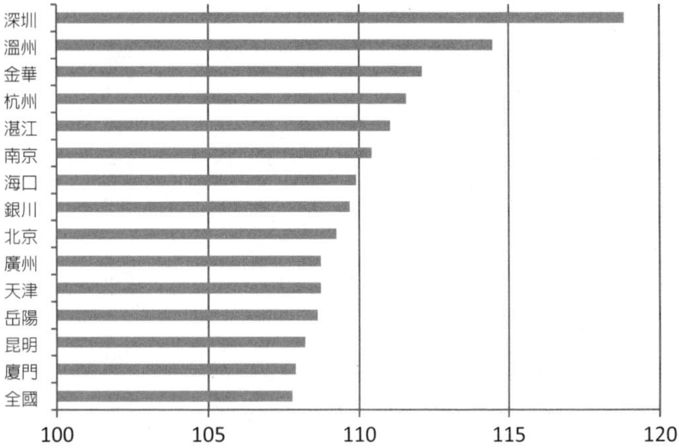


資料來源：中華人民共和國國家統計局。

## 圖 3.15 2010 年 12 月房屋銷售價格指數年增率前十五名多為內地與西部大型城市

2010 年 12 月七十個大中城市房屋銷售價格指數前十五名（單位：%）

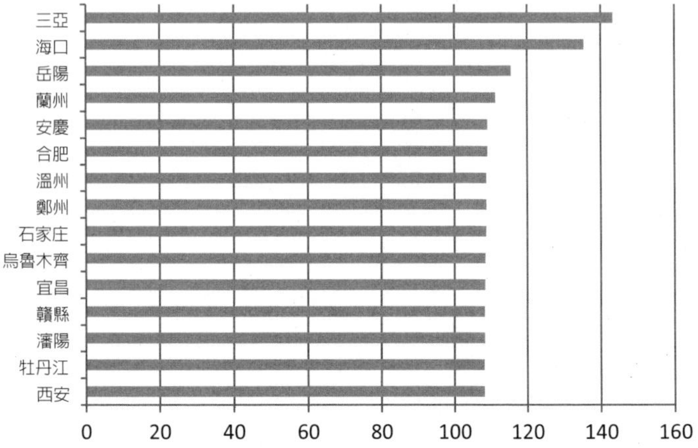


資料來源：中華人民共和國國家統計局。

不想要繼續往上推，這麼一來泡沫自然就會擴散到其他的城市，然而，這麼做都是讓泡沫逐漸的擴散開來，持續在砂堆上丟砂粒，市場的風險將會越來越高，而當泡沫破滅的時候，這些三線以下的城市將會首當其衝的出現大幅度的修正。

## 中國房地產泡沫問題嚴重

然而，光看房地產的價格上漲並不足以稱之爲泡沫，因爲只有當資產的價格遠超過價值，我們才能認定這樣的資產存在著泡沫的成分。一般在衡量房地產的合理價格時，多會採用房價所得比與房價租金比兩種衡量指標。

所謂的房價所得比，指的是按一個國家中一般家庭所居住房屋的大小，其市場價格的中位數除以家庭收入中位數的比例。這樣的數據可以衡量一般家庭購買房屋的能力。當這個比例超過一般平均水準時，除了說明了該國的房價相對於一般家庭來說，已屬於高度負擔之外，也說明這個國家的居民若想要買房自住，就必須舉借較多債務。這麼一來，這超乎民眾負擔的房價水準就是建構在高度財務槓桿之上，而非扎實的收入基礎，自然也就存在著較多的泡沫成分了。

世界銀行曾指出，已開發國家的合理房價所得比約在一．八倍到五．五倍之間，而開發中國家的數據則在三倍到六倍之間。根據《富比士》雜誌於二〇〇七年七月所做的一份美國主要城市房價收入比排名，當時最高的城市爲加州洛杉磯，其房價收入比高達一〇・一倍。然而，根據 numbeo 網站的資料顯示，經過二〇〇七年的次貸風暴之後，洛杉磯的房價所得比到二〇一三年已經回落到五・五一倍的合理水準了。

同樣以 numbeo 網站的資料來看，中國北京在二〇一三年的房價所得比爲三〇・一三倍，而全中國房價所得比最高的城市爲深圳的三五・一四倍，這兩個城市的數據分別排名爲全世界第五與第三。近年來同樣因浮濫發行貨幣，而導致房地產泡沫高漲的台灣，首都台北的房價所得比則爲二七・五八倍，排名全世界第十名。這樣的數據不僅顯示這些國家的房地產有嚴重泡沫化的現象，也說明這些國家的購屋者多半是使用了高度的財務槓桿，未來金融環境的些微變化都可能會摧毀這脆弱的償付基礎。

另一個衡量房地產價格是否泡沫化的指標就是房價租金比。這個指標是以投資者的角度來評估房價的合理性，指的是一個物件的總價需要多少年的租金才能夠回收，而房價租金比的倒數就是投資房地產的報酬率，當房價租金比越高，也就表示投資者需要更多的時間才能回收投資的資金。

房價租金比合理與否需要與市場利率做比較，舉例來說，美國在次貸期間的房價租金比高達二十六年，這意味著以租金為主要收入的房地產投資需要二十六年才能收回本金，其年報酬率約為二十六分之一，也就是三．八四六%。然而，當時美國聯邦基準利率為五．二五%，而房利美在二〇〇七年所提供的三十年期房地產抵押貸款利率為六．三四%。從利率與租金報酬率的角度來看，當時美國房地產的投資者其實是面臨了負報酬率與負現金流的問題。

這些投資者之所以會願意持有，甚至繼續購置房地產的唯一理由，就是他們相信房地產價格會持續的上漲，這麼一來，價差的資本利得便得以彌補租金收入與房貸利息間的差額損失。然而，這樣的思維就有如二〇〇〇年的網路泡沫，投資人並不在乎網路企業能否賺錢或配發股息，只要股價能夠上漲就夠了，但期待任何一種資產的價格會永無止盡上漲只不過是一廂情願的想法。

在房價租金比方面，根據 numbeo 網站上的資料，中國上海在二〇一三年的房價租金比為三七．〇二年，而全中國房價租金比最高的城市為北京的三七．九五年，香港九龍地區的房價租金比則是四六．八七年。台灣台北在二〇一三年的房價租金比為七六．二一年，位居全世界房價租金比最高的城市。以上述的房價租金比來估算，北京的房地產租金收益率約為二．六三五%，然而其房貸利率則是高達六％以上，而台灣的房地產租金收益率約爲一・三一％，房貸利率則約爲一・九五％。顯示若以房價租金比來看中國及台灣的房地產，其實已經深陷嚴重的泡沫了。

高房價所得比及高房價租金比除了顯示房地產泡沫問題嚴重之外，也意味著這樣的房地產基礎是相當不穩固的。因爲高房價所得比代表的是購房者需要使用較高的財務槓桿才得以購置房地產，這麼一來實體經濟轉弱或利息的調升，便可能影響到這些購屋者的支付能力。高房價租金比則代表這些投資者犧牲了短期租金收益，以換取長期的資本利得，但若房價不再上漲，甚至只要持平發展，或者市場資金緊縮，都會進一步加重這些投資者的持有成本。

一個已經存在房地產泡沫的經濟體，除非實體經濟能持續強勁的增長，維持購屋者的償債能力；同時保持寬鬆的貨幣環境，降低購屋者的成本負擔，否則，房價是無法持續維持在相對高點的。那麼，中國經濟在接下來的幾年能否維持過去那樣的高速經濟成長，或者維持寬鬆的資金環境呢？

# 第4章

# 包圍，世界工廠

控制了能源，你就控制了所有國家；
控制了糧食，你就控制了人類；
控制了貨幣，你就控制了整個世界。

——— 美國前國務卿亨利 · 季辛吉

從前面幾章的分析我們可以發現，中國目前所面臨的經濟問題，包括產能過剩、企業利潤低落，以及房地產泡沫等，其實多是因爲本身制度或政策上的缺陷所造成的，也就是說中國的經濟問題其實有很大的一部分是內部問題。

然而，我們無法，也不應該忽略的是外部國際因素所帶來的影響與變化。

美國前國務卿季辛吉前述這段話，道盡了美國近幾十年來的國際戰略布局，現在的美國確實是控制了全球的能源，包括中東的石油及靠著本身技術能力所創造的頁岩氣能源；在糧食部分，毫無疑問地，美國仍是全世界最大的糧食出口國；然而，最重要的部分則是在於貨幣，因爲根據季辛吉的說法，控制了貨幣，就等於控制了全世界，而擁有美元這個全世界主要儲備貨幣的美國，也確實掌控了這個世界的權力。

因此從美國的角度來看，那些與其爭奪能源、糧食，甚至於主要國際儲備貨幣地位的國家，就等於是在挑戰美國的權力與利益了。對於像伊拉克、伊朗或者阿富汗這類的國家，美國可以運用相差懸殊的軍事力量來實現其利益，然而，對於過去冷戰時期的蘇聯、第二大經濟體日本或者是現在的中國，美國就不可能任意的使用軍事力量來達成目的。因爲即使美國能獲得最後的勝利，卻需要付出龐大的代價，也因此面對這類大型的經濟體，能夠達到不戰而屈人之兵的經濟力量，就更勝於軍事力量。

如果我們仔細觀察近年來中國與臨近國家的關係，以及美國在亞洲的布局，就不難發現中國其實已經陷入了一個緊密的包圍網，不論從政治、軍事或者經濟上來看都是如此，蘇聯瓦解了二十多年後，一場新冷戰似乎正在成形中。

## 中國包圍網

美國在二十一世紀的第一個十年，幾乎把所有的外交與軍事重心放在中亞及中東地區，例如二〇〇一年的阿富汗戰爭及二〇〇三年的伊拉克戰爭。然而，伊拉克戰爭已經於二〇一一年底結束，美軍也自二〇一一年開始由阿富汗撤軍，現在的中東已經不再是美國主要的外交與軍事重心。美國離開中東地區以後，在總統歐巴馬及前國務卿希拉蕊的主導之下，訂立了美國新的外交方針，那就是「重返亞洲」。

美國重返亞洲的政策方針源自於二〇〇九年一月上任的美國國務卿希拉蕊。她在就任之後選擇第一個出訪的區域，並不是過去國務卿所習慣性出訪的歐洲或中東，而是選擇了亞洲。在這首次出訪的任務中，她訪問日本、印尼、韓國與中國，而在同年七月，希拉蕊更代表美國與東協簽訂《東南亞友好合作條約》。

在希拉蕊開啓了美國與東協的窗口後，已經透露出美國勢力重返亞洲的意圖，爾後美國更是分別從軍事與經濟兩個層面來實踐他們的外交策略。

## 軍事包圍

美國在計劃撤出伊拉克與阿富汗之後，在軍事布局上便空出較多資源。巧合的是，這個時候的亞洲正好發生了一連串的軍事衝突與主權糾紛，美國在前述政治上與亞洲重新接軌之後，緊接著也在亞洲展開軍事的布局。

二〇一〇年三月，南韓一艘名爲天安艦的護衛艦在執行巡邏任務的時候，意外爆炸沉沒，造成四十六名艦上官兵罹難。由美國與南韓共同進行調查的結果認爲是北韓的魚雷攻擊導致，然而北韓始終否認主導這項攻擊事件。

不論眞相如何，這事件讓南北韓的關係再度緊張起來。同年七月，美國與南韓進行一連串軍事演習，美國國務卿希拉蕊則是參加了韓戰六十週年紀念，並出席首度舉行的美韓外交部長與國防部長會議。由於這一連串的事件，美國原預定於二〇一二年交還韓國的戰爭指揮權，也延遲到了二〇一五年。

到了二〇一一年，美國的亞洲軍事布局顯得更爲積極。美國國務卿希拉蕊於二〇一一年十一月在《外交政策》雜誌上發表一篇名爲〈美國的太平洋世紀〉的文章。這篇文章明確指出，爲了維持美國在世界事務中的領導地位及利益，在今後的十年中，美國必須把更多時間和精力放在亞太地區，在外交、經濟、戰略和其他重要領域增加對亞太地區的投資，並將這樣的策略方向定調爲「轉向亞洲」。

到了二〇一一年十一月，美國總統歐巴馬在澳洲舉行的美澳峰會上，宣示要將《美澳紐同盟條約》擴大化，在二〇一二年將要在達爾文港布署兩百五十名海軍陸戰隊，到了二〇一六年將會達兩千五百名。同月，歐巴馬在印尼巴里島參加東亞峰會時，更表示美國視東亞峰會爲協助處理海事安全與防擴散安全的好場所。

在二〇一二年，中國沿海的實質軍事衝突更爲頻繁。

二〇一二年二月，越南籍漁船爲了躲避暴風雨，前往西沙群島，中國海監船前往護漁並登船沒收越南漁船器具。二〇一二年四月，菲律賓偵察機在黃岩島潟湖發現中國漁船，雙方後續出現了一連串的對峙與外交斡旋，這類在南海大大小小的爭端不斷的出現，美國在同月表示將輪流派遣軍艦停靠在新加坡的樟宜海軍基地。

二〇一二年六月，時任美國國防部長的帕內塔（Leon Panetta）在第十一屆亞洲安全會議上提出「亞太再平衡」戰略。表示將會優先將新式武器布署在亞太地區以保持美軍的優勢，同時到了二〇二〇年，亞太地區的海軍布署占全球比重將會由目前的四〇%提升到六〇%。帕內塔在安全會議期間還訪問了包括新加坡、越南，以及印度，其中他在印度訪問時明確表示：「美國將致力於向印度提供最先進的軍事技術。」而印度在近幾年來也確實成爲美國軍火的主要買主之一。

二〇一二年九月，日本政府與釣魚台地主簽約收購釣魚台，將釣魚台「國有化」，這樣的舉動立刻引發中國的抗議。除了官方提出強烈反對之外，各地均出現了大規模的民眾抗議事件，多數日本品牌商家均遭受波及，雙方不僅在政治上的關係降到了冰點，經濟活動也因此受到阻礙。

從上述的軍事布局來看，我們可以發現現在的中國已經完全處於被包圍的狀態。除了日本、南韓、菲律賓等傳統第一島鏈之外，美國海軍已經在包括新加坡及澳洲建立據點；而在中南半島上則是與泰國維持一定的軍事合作，甚至於過去與中國關係良好、接受龐大金援的柬埔寨，也與日本結爲戰略合作夥伴關係，宣布共同捍衛航空自由；西方除了阿富汗之外，還包括近來與美國出現頻繁軍售的印度。

即便中國前總理溫家寶曾表示：「中國和平崛起、永遠不稱霸。」但中國周邊的小國們卻不得不實踐小國的外交策略，也就是多方靠攏的方式，而美國也正是利用這樣的矛盾心態來見縫插針，實現其「亞太再平衡」的策略。

## 經濟包圍

美國除了在政治與軍事上重返亞洲之外，在經濟層面也積極的與亞洲國家合作。由於中國與鄰近的亞洲國家之間雖然存在著競爭與威脅，然而，卻也同時有著頻繁的貿易關係，倘若美國無法在經濟發展上給予這些國家一定的利益，那麼，這些國家終究是會爲了經濟發展而轉向中國。

《跨太平洋戰略經濟夥伴關係協定》（Trans-Pacific Partnership, TPP）是在二〇〇五年由汶萊、智利、紐西蘭，以及新加坡四個國家所發起的，這個協議在一開始並沒有獲得太多國際上的關注。到了二〇〇八年，美國、澳洲、秘魯與越南陸續加入這個協定，到了二〇〇九年十一月，美國總統歐巴馬在日本東京正式宣布將擴大《跨太平洋戰略經濟夥伴關係協定》計劃，在那之後的幾年之間，其他太平洋國家也逐漸納入談判協議當中。

二〇一〇年，馬來西亞加入談判國行列；二〇一二年，新增了墨西哥與加拿大兩個國家；到了二〇一三年，全世界第三大經濟體，亞洲第二大經濟體的日本也加入談判的行列。這個時候，參與該協定的國家合計國內生產毛額已經占到全世界的四〇%。其他表明願意參加的國家還包括南韓、菲律賓、寮國、哥倫比亞、哥斯大黎加、泰國，以及台灣。

《跨太平洋戰略經濟夥伴關係協定》在本質上有其異於其他貿易協定的內容，例如在協定中對於智慧財產權、勞工制度與權利、環境保護等內容有著諸多的規定，這讓該協定成為一個高標準、高品質的貿易協定。此外，若要加入該協定必須要開放大部分的市場，這樣的條件也就自然排除了一些開發中國家或者政府干預程度較高的國家。

然而，美國在亞洲的經濟合作並不只限於《跨太平洋戰略經濟夥伴關係協定》，他還積極的拉攏一些開發中國家，其中緬甸就是最好的例子。

緬甸，這個喬治．歐威爾筆下《一九八四》所影射的極權國家，在二〇一〇年這一年結束了軍政府的統治，並且釋放包括翁山蘇姬在內的多名政治犯。二〇一一年三月，由丹瑞所領導的緬甸軍政府正式解散，取而代之的則是登盛的文人政府。即便一直有傳聞丹瑞軍政府仍是幕後的主導者，然而，緬甸跨出這一步已經展現了重新與國際接軌的企圖心。

二〇一一年九月三十日，緬甸總統登盛宣布暫停由中國資助的伊洛瓦底江密松水壩興建計劃。密松水壩是全球第十五高壩，緬甸政府本計劃斥資三十六億美元興建這個水力發電廠，並與中國共享發電資源，然而，新任政府上台後卻倉促喊停。這次的合作中止有著相當大的象徵意義，由於緬甸因爲人權問題，一直以來都遭到歐美國家的經濟制裁，中國便成爲該國過去主要的經濟支援，而緬甸政府這次斷然拒絕與中國的合作，也在某種程度上表明他們的經濟來源可能要轉向歐美了。

中止密松水壩合作案後三個月，美國國務卿希拉蕊在二〇一一年十二月訪問緬甸，這是近五十年來美國國務卿首次到訪緬甸。次年二月，美國同意世界銀行、亞洲開發銀行和國際貨幣基金組織等國際機構，對緬甸提供技術援助。同年十一月，美國取消對緬甸貨物的大多數進口禁令，美國總統歐巴馬也於成功連任之後訪問緬甸，成爲首位訪問緬甸的美國在任總統。

## 蘇聯殷鑑不遠

根據前述分析，我們可以很明確看到美國的戰略已經由中東移往亞洲，不論是政治、軍事或者經濟上都是如此。然而，隨著美國的策略方針從一開始的「重返亞洲」到「轉向亞洲」，再到最新的「亞太再平衡」來看，美國在措詞上已經趨於緩和，大國之間的實質軍事戰爭並不容易出現，取而代之的則是小國之間的爭議與摩擦。

會有這樣的發展並不令人意外。美國政府自參與阿富汗戰爭及伊拉克戰爭以來的這十多年，估計約花費了一．三兆美元的軍事開支，這還尚未計算軍事行動的間接費用，例如退役軍人的補助、醫療甚至於撫卹等，而美國在二〇一三年底的政府債務也不過是十七兆美元左右而已。

由於歐巴馬政府自上任以來屢屢飽受國債上限問題所困擾，因此，對於現在的美國政府而言，最不願意見到的就是再陷入另一個戰爭泥淖當中。所以，相較於「重返亞洲」或「轉向亞洲」這類以美國爲主角，再次回到亞洲的強烈字眼便逐漸褪去，取而代之的則是由美國來協助執行「亞太再平衡」。

在軍事上讓「亞太再平衡」的方法，除了前面提到在澳洲、菲律賓、新加坡派駐輪調軍隊，以及在韓國、日本既有的軍事基地以外，對於美國利益最大化的方式，自然就是出售軍事設備給這些亞洲國家了。

對於這些亞洲國家來說，並不一定樂見美國長期在本國駐紮軍隊，例如日本與南韓的美軍基地就經常招來民怨，然而，這些國家又必須仰賴美國的支持來保障自己在亞洲的安全，那麼，向美國購買軍事武器以提升自身防衛能力就是一個較爲合理的選項。

事實上，這樣的現象也發生在中東地區。當美國不再深入一個區域去主導戰事的時候，周圍的國家就必須武裝好自己，以面對可能的衝突。二〇一〇年十月，美國宣布將出售六百億美元的武器予沙烏地阿拉伯，這起美國有史以來最大規模的軍售案，就發生在美國自伊拉克撤軍的幾個月後。

同樣的現象也會發生在「亞太再平衡」策略下的亞洲，未來幾年我們不會看到美國與中國的正面衝突，而是會看到周邊亞洲國家與中國之間不斷的摩擦，而這些亞洲國家則會尋求美國的協助並採購大量的武器，例如台灣就花了六百億新台幣向美國購買三十架 **AH-64E** 阿帕契直升機，這些龐大的軍購案中，最大的受益者自然就是美國了。

## 蘇聯如何解體？

這樣兩個超級大國之間，彼此拉攏盟友以做政治、軍事，以及經濟上包圍的策略，很難不讓人聯想到冷戰時期的美國與蘇聯。在第1章曾經提到蘇聯在一九九一年解體，間接刺激了鄧小平隔年的《南方談話》，並重拾中國改革開放之路，然而當時的蘇聯之所以會解體並不是在軍事競爭上輸給美國，而是在經濟上的挫敗導致社會主義的理論無法實踐所致。

現在的中國很可能也會走上同樣的道路。

在第1章提到計劃經濟因爲缺乏市場價格調節的機能，因此往往會出現某些商品生產過剩，而某些商品時常短缺的現象，這麼一來就會出現資源使用的無效率。那麼，生產力逐漸滑落及經濟體制的失敗就成爲必然的結果。

蘇聯的經濟發展在五〇年代有著快速的增長，然而這個國家一開始的發展就偏重於重工業，一如毛澤東在大躍進時期所推動的「大煉鋼」是一樣的。當時蘇聯的工業產值占國內生產毛額的七〇%以上，而農業則是因爲「集體農場」（**Kolkhoz**）的模式而導致生產力低落，一如三面紅旗中的「人民公社」。

這樣的發展模式自然是無法長期維繫下去的，工業汙染、糧食短缺、技術落後等因素，都讓蘇聯的經濟成長緩了下來，根據蘇聯官方的統計數據來看，其工業生產年增率已經從五〇年代的二位數成長，減緩到七〇年代末期的四．五%左右。這個時期的社會主義經濟制度開始出現了動搖的跡象，也因此一九七八年的中國才會決定走向改革開放，而同一時期的蘇聯則是因爲兩次石油危機而發了大筆石油財，才得以延續蘇聯的生命。

一九七〇年代的兩次石油危機，讓在一九六〇年代於西伯利亞發現大量油田的蘇聯有了充裕的資金來源，得以維持社會主義經濟發展模式。相對的，當時的西方國家則是出現了經濟成長趨緩與通貨膨脹持續攀升的「停滯性通貨膨脹」現象。一時之間，蘇聯的聲勢在七〇年代如日中天，遠超過歐美國家的聯盟。

然而，禍兮福所倚，福兮禍所伏。雖然歐美國家自工業革命後大肆發展的煙囪工業，在這個時候因爲能源價格高漲而面臨淘汰的命運，然而，也只有面臨這樣的情境，更有效率的生產模式才會爲市場所認同，美國在七〇年代末期開始發展電腦產業等相關資訊工業，例如微軟、蘋果等個人電腦時代的領先者都成立於那段時間，而這些產業也成爲美國接下來在八〇年代至九〇年代經濟成長的主要動力。

相對的，身爲當時全世界主要石油輸出國的蘇聯，雖然缺乏市場機制來讓資源做有效率的分配，但又同時得天獨厚的擁有著充裕能源，所以浪費能源的情事已成常態，而這也讓這個國家缺乏如歐美國家努力提升生產效率的誘因，最終這樣的惡果在八〇年代開始發酵，並且擴大。

一九七九年，蘇聯發動了阿富汗戰爭，企圖在阿富汗建立傀儡政權。這場戰爭持續到一九八七年一月，最後蘇聯決定撤出阿富汗。蘇聯的這場阿富汗戰爭被比擬爲美國的越戰，因爲設備精良的武裝部隊最後竟然無法戰勝阿富汗的游擊部隊，而蘇聯在這場戰爭中，每年的支出估計在三十億到四十億美元左右。除了戰爭之外，蘇聯也耗費許多資金來支持各盟國的共產黨政權，更不用說與美國之間的各種軍事競賽了。這些支出在石油危機期間，對於蘇聯這個產油國來說並不是一個大問題，然而到了八〇年代之後卻完全改觀。

蘇聯所發動的阿富汗戰爭，加上八〇年代初期的兩伊戰爭，讓沙烏地阿拉伯備感威脅，而美國在這個時候出現並釋出極大的善意欲拉攏沙烏地阿拉伯。美國在一九八三年成立中央司令部負責中東、北非與中亞的軍事活動與指揮，並出售許多先進的武器設備予沙烏地阿拉伯，當時的國防部長溫柏格（Caspar Weinberger）日後接受採訪時曾提到，美國當時出售武器最主要的原因就是希望沙烏地阿拉伯能夠出面抑制油價。

自一九八五年八月開始，沙烏地阿拉伯開始進行石油的增產，幾個星期內由日產量兩百萬桶擴增到六百萬桶，到了十一月更擴增到九百萬桶。當時的油價還在每桶三十美元以上，但到了一九八六年，每桶油價大約只剩下十二美元到十四美元左右。以蘇聯的石油產量來看，這樣的價格變動讓蘇聯一年損失將近百億美元的收入，這是他們一年對外貿易收入的一半左右。

除了能源收入的減少之外，蘇聯另一項主要出口商品——軍事武器，也在油價大跌的過程當中遭遇衝擊。由於蘇聯軍事武器的主要客戶多半是產油國家，例如利比亞、伊朗與伊拉克，而當這些國家的油源收入受到影響，自然所能購買的軍火數量就會隨之減少，這對於蘇聯已經疲弱不堪的經濟又是另一項打擊。

蘇聯賴以為生的能源與軍火產業遭遇挫折後，也改變了蘇聯與東歐國家們的關係。過去蘇聯靠著石油收入得以在經濟上給予東歐國家支援，甚至支持各國的共產黨勢力來打擊反對政黨，然而沙烏地阿拉伯於一九八五年大幅增產石油，導致油價大幅滑落之後，蘇聯卻反過來要求東歐國家在經濟上給予援助。

例如，當時的波蘭被迫貸予蘇聯一百億美元的信用貸款，為的是興建連絡華沙的天然氣輸送管道，而蘇聯則是用礦產與資源來抵償債務，在經濟與資源上的窘困可見一斑。相對來說，美國則是持續的提供波蘭反對黨資金上的援助，到了一九八九年，美國總統布希表示要以西方的援助來促進共產國家的自由經濟發展，因此在訪問波蘭期間表示將援助該國十億美元，歐洲國家也表示願意給予技術上的援助。

在這此消彼長的過程當中，我們於第1章所提到的東歐一九八九年系列革命也就自此展開，其他共產國家也紛紛倒戈以爭取歐美國家的支持，到了一九九〇年，柏林圍牆倒塌，一九九一年，蘇聯宣布解體。

面對蘇聯這樣具有軍事實力的大國，美國若採取軍事競爭必然導致兩敗俱傷，而美國選擇透過經濟的方式來與之競爭，最後達到了不戰而屈人之兵的效果，而我認為前述的中國包圍網最後也會走上這樣的模式。

## 世界工廠的潰敗

如果說石油是蘇聯的命脈與罩門，那麼中國的命脈與罩門自然就是製造業了。全球主要國家們近幾年來一連串的政策發展方向，不論是否具有針對中國的意思存在，我們都可以發現這將會對中國的製造業產生一定的負面影響。

## 已開發國家大減赤

一個國家的出口，必然是建立在另一個國家的進口。中國在二〇〇九年正式超越德國，成爲全世界最大的出口國，同時累積了長年的經常帳順差，而這樣的趨勢能否延續下去，其中一個很重要的關鍵就是這些進口國能否維持這樣的消費能力，持續不斷購買中國所生產的產品。

我們在第3章曾經說明過，理論上這種長期的經常帳順差是不可能持續下去的，除非貿易雙方刻意地去扭曲經濟自然運作的方向。一直以來，這些進口國透過舉債的方式來消費，而中國則是購買了這些進口國大量的政府債券，同時壓抑人民幣的升值趨勢來維持這樣的國際貿易模式，然而，二〇〇九年底，歐元區爆發了以希臘爲首的主權債務危機，讓前述的經濟運作模式出現了轉變。

一九九一年十二月，《馬斯垂克條約》（Treaty of Maastricht on European Union）在荷蘭簽訂，這條約即爲所謂的《歐洲聯盟條約》，在該條約中對於加盟國的財政條件有著嚴格的限制，就總債務的部分，各國債務餘額占國內生產毛額比率不得超過六〇%，就債務流量而言，每年預算赤字占國內生產毛額比率不得超過三%。雖然這是一個嚴格的規定，卻沒有被嚴格的執行。

歐元的成立更讓幾個小國家在加入之後，得以用顯然不符該國信用評級與經濟條件的低利率進行借款。當借款利率明顯的與信用風險不符時，超額借貸的問題就會出現，這在承平時期看起來是一片榮景，然而當危機爆發之後，這樣的債務便成了這些小國家難以承受的重擔。

我們從歐洲統計局的資料便可以看出歐洲主權債務近年來的惡化狀況。二〇一二年，歐元區的總債務占國內生產毛額比率來到了九〇．六%，其中處於風暴核心的希臘更是來到了一五六．九%；而歐元區年度預算赤字占國內生產毛額比率在二〇一二年為負三．七%，希臘的部分則是高達負一〇%，除了「歐豬國家」大幅偏離條約規範之外，事實上，整個歐洲都陷入了嚴重的債務危機。

我們在前面曾經提過，以債務驅動的經濟成長模式是無法長久延續下去的，因為在債務持續惡化的趨勢之下，債券持有人將會大舉拋售債券，讓這些國家無法再以過去的低利率借款，例如希臘、西班牙與義大利等國家的公債殖利率就因此大幅度攀升，未來這些國家舉借新債務時就必須被迫用更高的利率，這麼一來，光利息支出就是一筆龐大的負擔，這些國家也因此陷入了嚴重的債務危機。

這些國家終於發現，凱因斯學派所主張以擴大政府支出來創造需求的理論，終究只是一種寅吃卯糧的五鬼搬運法，又或者他們其實早已察覺這套理論的缺陷與弊病所在，而現在則是不得不面對現實，必須挽起袖子來解決問題。

這些國家解決債務的方法，無非是開始刪減政府的支出且設法提升政府的收入。前者例如延長退休年齡、刪減失業補助的金額與期限、減少政府部門的雇用人數等，而後者則是試圖增加各種名目的稅收。除了歐洲之外，債台高築的美國也正在進行刪減赤字與增稅的計劃。

刪減赤字與降低政府負債是這些國家不得不為的政策，我們在第1章中就提過，儲蓄才是一個國家未來成長的基礎，過高的負債比例對一個經濟體的長期發展而言，必然是不利的方向，特別是當這些負債是用來興建無意義的公共建設、過度福利措施及各種無法創造產值的投資時更是如此。然而，福利措施的刪減及大幅度的徵稅必然會削弱這些國家的消費能力，那麼一直以來以這些國家為主要出口市場的貿易對手就可能因此受到衝擊。

在二○○四年之前，日本一直是中國最大的貿易夥伴。在那一年，隨著東歐的十個國家加入了歐盟體系，歐盟經濟規模快速的擴大，自此便成為中國最大的貿易夥伴，若我們將歐盟視為一個單一的經濟體，它的經濟規模在二○一二年達到了一六．六四兆美元，為全世界最大的經濟體，當然，它也是一個龐大的消費市場。

根據中國海關總署所公布的二〇一三年中國對外貿易數據來看，歐盟與中國之間的進出口貿易總額約爲五、五九一億美元，占當年度中國對外貿易總額的一三・四四%，而美國則是排名第二，所占比例爲一二・五二%。若我們以出口的比重來看，中國在該年度對歐盟出口金額爲三、三九〇億美元，占中國總出口的一五・三三%，而中國對美國的出口則是占總出口的一六・六七%，而這些數據還未包括中國出口至香港後轉出口的數據。

歐盟與美國加起來占了中國總出口的三二%，前者因爲主權債務的問題而力行縮減赤字；後者則是在次貸危機之後開始了一連串的減赤計劃，而這些國家的赤字縮減也將反映在消費能力的減弱，自然會大幅度降低對中國商品的需求。以二〇〇九年美國次貸風暴所造成的全球經濟危機期間爲例，中國對美國出口額下降一二・五%，對歐盟出口額下降了一九・四%。而到了二〇一三年，同樣是中國海關總署的資料，中國的出口值較前一年同期雖然成長了七・八六%，然而，對歐盟整體卻只有一・五%的成長。

我們在前面的章節曾經提過，這種以債務堆積起來的成長有如海市蜃樓一般不切實際。歐美國家用債務堆起了繁華的消費，也同樣堆起了中國的超額產能與世界工廠的地位，然而，當現在的歐美開始撙節支出、刪減赤字，那麼過去用債務所堆積出來的需求便不復存在，中國的超額產能瞬間變爲閒置產能，供過於求的問題便開始浮現，而這將是中國這個世界工廠崩壞的第一步。

## 貿易保護幽靈再現

歐美國家前述的減赤計劃不僅縮減了社會福利，也因此減少了許多的就業機會。歐元區國家在二〇一三年底的平均失業率爲一二．一％，而負債累累的「歐豬國家」更是在主權債務危機爆發後，出現失業率快速攀升的現象，其中，希臘與西班牙的失業率都在二〇％以上。而在大西洋另一端，正試圖從次貸風暴中逐漸站穩腳步的美國，其失業率截至二〇一三年底也還有六．七％。

這些國家在過去消費了大量的中國製商品，中國對這些國家的出口遠高過於由這些國家所進口的規模，例如前述中國對歐盟與美國的出口，占中國總出口比重分別爲一五．三三％與一六．六七％，然而，中國從這兩個區域所進口的商品卻僅占中國總進口的一一．二八％與七．八二％，因此長期以來，中國對於歐盟與美國有者大量的經常帳順差。

從實質角度來看，中國經常帳順差大幅增加的過程，其實對於歐美國家是有利的，因為他們大量消費中國製造的商品，而中國為了控制匯率還得購買一大堆的美債與歐債，以供他們花用，這種模式大概是天底下最莫名其妙的行為了，只不過亞洲國家們，從日本到亞洲四小龍到中國都是如此。

既然歐美國家是既得利益者的，那麼在這個模式沒出現問題之前，自然也不會有任何反彈的聲浪，這些國家的國民得以享用大量由中國輸入的廉價商品；而中國人民銀行所輸入的大量資金更是支撐了歐洲與美國金融信用體系，讓他們的政府與國民得以用低廉的利息獲得貸款，這一切看起來都是那麼的美好。

然而，在美國次級房貸與歐洲主權債務爆發之後，這兩個經濟體的失業率開始大幅度攀升，即便爆發金融危機的主因在於這些國家的信用過度擴張，但這些國家的政府並不會如此坦然的承認自己所犯下的錯誤，反而是將矛頭指向擁有大量經常帳順差的中國，一口咬定中國是因為操縱匯率而獲得貿易上的不當競爭條件，並且因此搶走他們本國的工作機會。

二〇〇九年九月，中美雙方從「輪胎特保」案開始興起了一連串的貿易戰爭，美國決定對中國輸往美國的輪胎，連續三年分別加徵五五%、四五%，以及三五%的從價特別關稅。中國商務部立刻對於美國的汽車產品及雞肉祭出反傾銷手段，之後雙方持續在不同的商品貿易上出現爭議，包括混凝土用的鋼絞線、油井管、銅版紙、無縫鋼管等。

到了二〇一〇年，貿易大戰開始演變爲匯率大戰，美國認爲對中國經常帳逆差的根源，並不全然在於中國於某些產品上所具有的優勢，而是來自於中國刻意壓抑人民幣匯率所造成的，由於當時的美國正面臨次貸風暴後的高失業率問題，政府便將問題全都指向涉嫌操縱匯率的國家，指控這些國家偷走了美國人的工作機會，美國眾議院於該年度九月二十九日，以三百四十八比七十九的投票結果，通過《匯率改革促進公平貿易法案》，該法案旨在對所謂低估本幣匯率的國家徵收特別關稅，中美的貿易大戰便從此展開。

二〇一〇年開始的歐債危機也爲這個貿易保護的動作再加了一把勁。歐盟爲改善自己的經濟條件，也開始祭出反傾銷相關的手段，除此之外，歐盟也透過其他方式想要構築起所謂的貿易壁壘，例如二〇一一年三月，歐盟便通過自全球經營歐洲航線的航空公司均須爲歐盟的碳排放交易系統支付「碳排放稅」，而這將會對於其他國家通往歐洲的航空運輸增加大量的成本，表面上看來是爲了「節能減碳」，事實上卻是一種不折不扣的「貿易障礙」。雖然這個法案最後沒有實施，但歐盟試圖透過各種方式來建構貿易壁壘卻已經是不言可明。

面對貿易失衡的狀況，歐盟和美國所關注的重點有所差異，美國將主要的方向放在施壓人民幣升值，而歐盟則是以反傾銷做爲主要訴求。前者所影響的雖是全面性的產業，然而，其在幅度與壓力上屬於漸進式的調整範圍，而反傾銷則是一種針對性的措施，只要某商品被認定爲傾銷，那麼加諸其上的高額懲罰性關稅基本上等於是這個市場已經對該項商品關上了大門。例如，二〇一二年初的中國陶瓷反傾銷案，歐盟就對於中國的陶瓷產品課徵七三%的高額關稅，這樣一來，中國的陶瓷製品根本無法銷售到歐盟地區，只能夠尋求其他的市場或返銷國內市場，這麼一來，產能過剩的問題就無法避免。

在這樣的貿易壁壘之下，會受到最大衝擊的就是出口導向的國家了，例如一九二〇年代的美國是全世界最大出口國，而美國在一九二九年發生大蕭條後，當時的貿易壁壘就被認爲是讓美國大蕭條更爲惡化的主要原因之一。

在一次世界大戰後，保護主義的浪潮開始取代了自由貿易主義。

當時的歐陸因爲戰爭的破壞而失去生產能力，這時候的美國便成爲歐洲主要的商品供應國，包括農產品、工業製品都是如此，也因此在一九二〇年代，美國經濟呈現飛快的成長。這段時間的北美洲，包括美國與加拿大被稱爲是咆哮的二〇年代（Roaring Twenties），無論是在科技、建設、經濟與文化上都出現相當大的轉變。由於美國對於歐洲的出口獲得了龐大的利益，也進一步的推升了美國本土的經濟成長與消費能力，汽車、廣播、電話、鐵路、公路與電力設備的需求在這段時間出現了驚人的成長。

然而，當歐洲國家開始從一片斷垣殘壁中再站起來的時候，歐洲靠著更低的生產成本，逐漸在商品競爭力上得以與美國商品相抗衡，並自給自足。這個時候，過去美國及其他區域為了滿足歐洲需求所創造的產能便開始出現閒置，許多商品開始出現供過於求的現象，例如俄羅斯的木材、加拿大的小麥，以及美國的農產品都是如此。這樣的現象其實是屬於正常的經濟調整，然而，沒有一個國家願意看到自己國家的失業率因此而大幅的攀升，並且長期維持在高水位，特別是那些必須經過選舉選出領導者的國家尤其是如此。

一九二八年美國進行總統大選，民主黨與共和黨必須針對這個問題表明立場並提出解決方案。最後共和黨的胡佛（Herbert Clark Hoover, 1874～1964）勝出，並就任美國第十三任總統。一九二九年十月二十八日，美國道瓊指數在一天之內下跌超過一三％，史稱黑色星期一，加上房地產自一九二五年以來就呈現下跌的走勢，讓新上任的胡佛政府必須要提出解決方案。一九三〇年六月，胡佛簽署了《斯姆特—霍利關稅法》（Smoot-Hawley Tariff Act），修改了超過兩萬種進口商品的關稅，將美國的進口關稅提升到歷史次高的水準，希望藉此來保護美國本土的產業。

這樣的作法並無法改善美國的經濟，因爲很快就遭到其他國家的貿易報復。該法案在一九二九年五月於美國眾議院通過，在當年度九月就已經有二十三個貿易夥伴向美國提出抗議，然而，卻沒有收到美國的善意回應，隨即開始展開一連串的報復行爲。一九三〇年五月，《斯姆特—霍利關稅法》正式生效的前一個月，加拿大率先將美國輸往加拿大的十六大類商品的關稅大幅調升，接著加拿大尋求英國與法國的共同制裁，各國紛紛築起了關稅壁壘與進口配額等限制。

如果只有美國一個國家進行這樣的關稅壁壘，那麼對於美國來說也許會是一件好事，然而，當所有的國家都這麼做的時候，就演變爲一場全球的災難，上述的各國貿易制裁措施就是如此。據美國政府統計，一九二九年美國由歐洲進出口的金額分別爲一三·三四億美元及二三·四一億美元，然而，到了一九三二年已經萎縮到三·九億美元及七·八四億美元。受害的並非只有始作俑者美國，從一九二九年到一九三二年，世界工業生產指數從一〇〇降到六三·八，下降了三六·二%；世界貿易量從一九二九年的六八六億美元，一直下滑到一九三三年的二四二億美元，全球貿易額衰退了近三分之二的幅度。

當時的貿易壁壘集中在歐美國家，而現代的貿易壁壘則是遍布全世界。除了美國與歐盟開始築起相關的貿易障礙之外，在全球總需求大幅度降溫的背景之下，全世界以出口爲導向的國家，將要共同去爭奪這有限的市場，彼此之間的競爭也越演越烈。一些原以輸出原物料爲主要經濟活動的國家，例如巴西，也開始加入了貿易戰爭的行列。

巴西外貿委員會對於中國所產的磁磚、自行車、碳鋼管等商品都列入了反傾銷的項目。除此之外，巴西的貨幣里爾在過去很長的一段時間以來，因爲大量資金的湧入而呈現了巨幅的升值，例如光在二〇〇九年該年度，巴西里爾兌美元就升值了二七%左右，相對來說，中國則是長期透過壓抑匯率的方式來控制人民幣的升值幅度，藉以維持出口的競爭力。

這樣的現象自然會讓巴西政府深感不滿，二〇一一年九月，巴西政府要求世界貿易組織成員討論和制訂針對人爲操縱匯率的新規則。巴西建議的內容是，國際貨幣基金組織或其他國際組織應制定合理的「貨幣浮動幅度」。如果一國匯率的調整超過了「貨幣浮動幅度」，其他國家就有權採取增加進口附加關稅的措施，以補償匯率問題所造成的貿易損失，這項建議也被稱爲「匯率反傾銷」機制，雖然沒有明確的說明，但這樣的措施很明顯是針對中國而來。

此外，巴西的經濟發展一直以來是以輸出原物料，包括鐵礦、石油與農產品做爲主要的經濟活動，其基礎工業在過去幾年來，一方面受到本國貨幣大幅度升值的影響，使得出口競爭力被削弱，另一方面，則是受到中國的廉價商品大舉進口的威脅。巴西政府因此對於亞洲國家的製品有著高度的管制，包括高額進口關稅、反傾銷措施及本國企業稅制減免等。

這讓海外製造的商品需要付出高額的關稅成本，才得以進入巴西市場，例如蘋果的 iPad 在當地售價約爲美國售價的兩倍左右，這是因爲巴西對 iPad 等電子產品徵收六〇%的關稅，而對進口汽車則要徵收高達九〇%的關稅，巴西爲了本國製造業而築起高聳的關稅保護壁壘。即便以巴西目前的基礎建設與勞動成本而言，尙無法與中國的製造條件相匹敵，然而巴西身爲擁有全世界第五大人口數的國家、同時亦爲全世界第三大電腦市場與第四大汽車消費市場，本身就已經是個龐大的消費國，若再加上南美共同市場的利益，製造商前往巴西設廠生產確實有其利益可圖，而這也會削弱中國的製造業地位與競爭力。例如，台灣的富士康、大陸的中興通訊便興起在巴西設廠生產平板電腦的想法，而大陸的大眾汽車與奇瑞汽車也於巴西投資生產汽車，巴西政府則積極的在稅收或其他的條件上給予這些製造商優惠條件。

這些案例僅僅是眾多貿易保護措施中的一部分。根據「全球貿易預警組織」

（Global Trade Alert）所公布的數據顯示，次貸風暴期間，全球貿易大幅衰退，二〇〇八年全球貿易額爲三十三兆美元，二〇〇九年則降至二十五兆美元，爲了應對經濟衰退，全球約四〇%的國家採取了貿易保護措施，自二〇〇八年一月以來，全球所採取的貿易保護已經超過一千六百項。發動貿易保護的也從已開發國家擴散到新興市場，例如前述的巴西，而近年的印度也因爲經常帳的長期逆差而加入了貿易保護的行列。

中國是全世界最大的出口國，同時在匯率上的控制更讓中國成爲眾矢之的，貿易壁壘幾乎都是衝著中國而來。昨天的中國是把商品賣給全世界，今天全世界都不跟中國買東西了，中國也只能夠把這些商品往國內塞，這麼一來產能過剩與殺價競爭就是必然的結果，物價的大幅滑落、企業的倒閉、不良債權與失業似乎是避免不了的問題。

## 區域貿易與迷你世界工廠崛起

中國近十幾年來的崛起，除了「改革開放」的政策方針讓這個國家上上下下得以改善效率，以提升生產力之外，另一個關鍵的因素是他們擁有相對便宜的生產要素，諸如勞工、土地、匯率等，當然也包括相對不重視環境汙染、智慧財產權，以及勞動環境等問題，這些在已開發國家都是不小的成本。

然而，這樣的條件並不會永遠的持續下去，一個國家的經濟成長最終將會反映該國的物價與匯率，這麼一來過去的廉價生產要素就不復存在。例如在二〇〇五年的匯改之後，到了二〇一三年人民幣兌美元已經升值了超過三〇%；我們在第3章提到中國近年來房地產的漲幅相當驚人，這也增加了企業購置或租用土地的成本；另外，中國的廉價勞動力已經不再，除了中國近年來大幅調升最低工資之外，長年實施一胎化，也讓勞動力人口快速的減少。根據中國國家統計局的資料顯示，中國二〇一二年的勞動年齡人口比二〇一一年減少了三四五萬人，至九．三七億人，原本預計二〇一五年才會消失的人口紅利，已經提前在二〇一二年發生，這也使得中國在二〇一三年底宣布開放了「單獨第二胎」的政策。

在中國落腳的企業們在這個時候開始面臨了抉擇，一種方法是拿過去這幾年的獲利與儲蓄來進行產業升級，例如投資在新技術、新的生產模式或者新的產品，以提高生產力。只不過這樣的投資必須要承擔一定的風險，就如同我們在第1章所說的，如果王二沒有順利的打造出狩獵的工具，他就必須要挨餓並且花光手中的儲蓄，而產業的升級本來就具有一定的難度，也因此絕大多數的企業並不會選擇這種風險較高的方法。

另一種選擇則是將同樣的生產模式遷移到擁有更低成本生產要素的地方。就如同故事中趙五將生產基地遷移到新的部落一樣，而當新的部落的生產成本開始上升，以至於當地企業無法獲得合理利潤的時候，這些工廠就會再一次的遷移到合適的地方。我們在第3章提到，在雁行理論之下，亞洲企業的製造工廠就由日本遷到亞洲四小龍，再到了現在的中國，未來則是可能遷移到其他成本更低的國家。

中國這世界工廠的挑戰一方面來自於鄰近的亞洲國家，另一方面則來自於其他自由貿易區域內的製造基地。前者以鞋業爲例，中國現在仍爲全世界主要的鞋製品出口國，然而，這樣的地位可能將要面臨挑戰，最主要的原因仍然在中國不斷上漲的生產成本，我們從第3章鞋製品比較優勢表格中，就可以發現包括印度、印尼、緬甸、越南、孟加拉，以及柬埔寨在近年都已經加入了競爭行列了。

例如，孟加拉與柬埔寨的人工成本約僅有中國的三〇%～四〇%，而越南的人工成本則約爲中國的六〇%左右，這樣的成本差異將會影響許多勞力密集的行業，例如紡織、玩具、皮革及家具等。耐吉因此在二〇〇九年關閉了在中國的最後一座工廠，而競爭對手愛迪達也在二〇一二年宣布關閉蘇州廠，並準備遷到緬甸。除了國際知名品牌以外，中國本土的網路服飾業者凡客誠品也在二〇一二年開始將部分生產線移往東協國家。

由於這些地區目前的基礎設施與人工素質不如中國完善，因此目前多數移出中國的仍屬於低技術層次的產品。然而，這些國家的政府仍不停的在改良基礎建設與相關制度，更重要的是部分國家在輸出歐美時享有關稅與配額上的優惠，例如同樣是紡織品輸出大國的孟加拉，在輸出歐盟時便享有免關稅與免配額的優惠。倘若中國無法在技術層次或生產力更上一層樓，那麼，在這些產業的全球市場地位逐漸被瓜分，也只是時間的問題而已。

除了鄰近國家的競爭之外，在貿易保護的背景之下，許多區域性的自由貿易體系很可能會取代世界貿易組織這樣的全球化貿易體制，而這些自由貿易區中的新興市場比起中國，就更具有在該區域的競爭優勢。

舉例來說，墨西哥之於美國，除了少部分商品，如農產品之外，其實並沒有太多直接競爭的關係，而墨西哥的經濟規模也不可能大到威脅美國的霸權。在這樣的條件之下，一九九四年由加拿大、美國與墨西哥成立的北美自由貿易區（NAFTA）便對這三個參與國有著極大的誘因。根據統計資料顯示，在一九九四年之後，美、加、墨三成員國的貿易量成長一二八%，由一九九四年的二、九七〇億美元，增為二〇〇〇年的六、七六〇億美元，加拿大的天然資源、墨西哥的工廠與勞工，加上美國的消費者，讓北美自由貿易區一度成為全世界最大的自由貿易市場。

目前全世界有數個大型的自由貿易區，除了上述的北美自由貿易區之外，南美洲則有南錐共同市場（Mercosur）與安地斯共同體（AndeanCommunity）所共組的南美洲國家聯盟（Union de Naciones Suramericanas）。非洲有西非國家經濟共同體（Economic Community of West African States, ECOWAS）、東非與南非共同市場（Common Market for Eastern and Southern Africa, COMESA）、南非發展共同體（Southern African Development Community, SADC），其他還有大家所熟知的歐盟、東協等自由貿易區。俄羅斯除了加入WTO之外，也在二〇一一年十月與其他七個獨立國協國家簽署自由貿易區協定。我們在本章一開始提到，美國近年則是大力推動《跨太平洋戰略經濟夥伴關係協定》，意圖重返亞洲市場，此外，也與歐盟積極的洽談《跨大西洋貿易與投資夥伴協定》（Transatlantic Trade and Investment Partnership, TTIP）這個全世界規模最大的自由貿易協定。

這些區域性的自由貿易區除了在文化、地理位置，以及經濟型態上更容易整合之外，部分的自由貿易區更是對於一些敏感性的議題具有高度的包容性。以東協爲例，在東協中有部分國家仍屬於獨裁且非民主體制，對於國內的人權與勞動條件沒有一定的保障，然而，這對於彼此之間的經濟往來並不會產生影響，因此東協成員彼此之間對於國家主權與內政就採取了互不干涉的原則。

相對來說，一些由先進國家所主導的自由貿易區，則是具有嚴格的相關規定。例如，美國所推動的《跨太平洋戰略經濟夥伴關係協定》便對於智慧財產權、技術性貿易壁壘、勞工，以及環境問題有諸多的規範，這也使得部分的國家無法，也不願加入這樣的體系。再加上許多的國家對於世界貿易組織決議方式與機制表示不滿，未來很可能這些各有特色的區域化貿易體系將會取代世界貿易組織，成爲更活躍的經濟體。

在這樣的趨勢之下，例如墨西哥、土耳其這類鄰近歐美，且在該自由貿易區內的新興國家相對來說就較中國更具有優勢，特別是當中國在近年來的各種生產要素成本大幅度上升之後更是如此。而其他相較於中國而言，願意接受更嚴格的自由貿易協定的國家，例如越南就積極的加入《跨太平洋戰略經濟夥伴關係協定》，因爲在加入後其紡織品輸美可望取得免關稅的條件，很可能因此搶占中國的紡織業市場。

## 製造業回流美國

中國的生產成本在大幅度攀升之後，他必須要同時面臨兩方面的挑戰。除了前述的後進國家之外，隨著技術的進步，一些先進國家的生產能力也開始提升，而若中國的產出／成本比率無法與之抗衡，那麼這些工作機會將會離開中國市場，回到這些已開發國家，一如英國在工業革命之後，從印度手中重新奪回紡織品的主導地位一樣。

近年來的美國政府爲了改善就業，也爲了這樣的趨勢加了一把勁，該國在二〇一〇年八月通過《製造業促進法案》（Manufacturing Enhancement Act of 2010），將暫停或降低供製造業使用的進口原料的關稅。同年九月的《創造美國就業及結束外移法案》，一方面爲那些自海外遷回並在國內創造就業機會的企業提供兩年的工資稅減免，另一方面則是取消了向海外移轉生產基地企業的免稅與減稅補貼。二〇一二年一月，美國總統歐巴馬提出《美國基業長青藍圖》（Blueprint for an America Built to Last），再次提出多項的稅務減免，鼓勵製造業回到美國生產並創造就業。

稅負的減免固然有一定的誘因，然而，長期的生產成本與效率問題才是企業更爲關切的。根據美國波士頓企管顧問（BCG）在二〇一一年八月所提出的一份〈重返美國製造〉（Made in America, Again:Why Manufacturing Will Return to the U.S.）研究報告表示，中國的工資自二〇〇五年到二〇一〇年大幅上漲了六九%，每小時工資爲二美元，約爲美國人工成本的九%，而若中國維持過去每年一七%的工資漲幅，那麼到了二〇一五年，中國人工成本將達美國的一九%，同時考慮美國的人工素質與產出效率較高的情況之下，屆時美國製造的人工成本將只比中國製造人工成本高出三九%，這還沒有考慮運輸、稅與其他成本，而在一些人工成本占比較低的產業，在中國製造與在美國製造幾乎沒有成本上的差異，就可能因此大規模的回流美國市場。

除了人工成本之外，技術的進步也爲美國的製造業開創了新局。

根據美國能源資訊署所發布的〈能源展望報告〉（Energy Outlook Report）顯示，二〇一二年，中國的能源消耗達到九六．六六千萬億個英熱單位，美國是九七．八八千萬億個英熱單位，然而，這一年美國的國內生產毛額爲一五．六八兆美元，遠遠的超過中國的八．二三兆美元，這樣的數據告訴我們，中國在創造一元國內生產毛額的同時，其所消耗的能源較美國多上一倍。

我們在前面曾經提過，經濟成長的重點就在於，用更少的資源創造出更大的產值，而美國在能源耗用上的技術與政策轉變，很可能進一步的改變這這個國家的能源政策、生產效率與全世界的能源版圖。

這項關鍵的轉變就是美國的頁岩氣，所謂頁岩氣是指存在於頁岩及其夾層中，以吸附或游離狀態爲主要存在方式的非常規天然氣。一直以來，在全世界許多地方的頁岩層裡都存在著所謂的頁岩氣或頁岩油。只是過去一則不符合開發成本，二來開採技術尚未成熟，所以未大量開採，然而，近五年來，這一趨勢卻逐漸改變。以全世界頁岩氣的蘊藏量來看，中國其實是最多的，美國排名第二，其他像阿根廷、加拿大、墨西哥、南非、波蘭等都有一定的蘊藏量。然而，這樣的開採技術卻不是每個國家都有，更重要的是這需要大量的水資源才可能實現，也因此目前只有美國能成功的達成商業化。

我們可以發現這樣的技術演進，所達成的效率相當驚人。天然氣的價格從二〇〇八年的十一美元／mmBtu下跌到二〇一二年的最低二美元／mmBtu左右，短短四年跌幅高達八〇%。現在美國大多數的發電廠開始逐漸的採用便宜的天然氣，這讓美國的能源供需缺口逐漸縮小，過去最大的差距約有三〇%的缺口，但接下來幾年這樣的缺口將會縮小在一〇%以內，美國實現了眞正的能源自主。

這樣的發展會帶來什麼？

美國總統歐巴馬曾在一次餐會上問已故的蘋果前執行長賈伯斯：「要怎樣才能讓 iPhone 在美國生產呢？」會這麼問是因爲歐巴馬自上任以來一直致力於降低美國的失業率，而賈伯斯的回答非常的明確：「這些工作機會不會回來了。」只不過在二〇一二年底，蘋果現任執行長庫克卻向媒體表示：「明年起蘋果將在美國生產。」

除了蘋果表示將在美國設置生產線以外，Google 也在二〇一三年宣布其旗艦級手機 Moto X 將會在美國德州生產，成本僅比在中國組裝多出四美元左右。然而，這樣的「鮭魚返美」潮似乎不僅止於電子產業，例如台灣的台塑集團便宣布要加碼十七億美元進行新廠擴建，而包括美國鋼鐵巨擘 Nucor 在內的數家國際鋼鐵廠，也在全世界鋼市低迷的環境之下，宣布擴建美國投資，究竟是什麼原因讓這些分屬於不同產業的業者紛紛回到美國生產呢？

因著天然氣的價格下滑，美國在近幾年的批發電價下跌了五〇%以上，這讓美國的製造業有相當大的生產成本優勢，也是爲什麼陸續有製造業要移轉回美國的原因。但這樣的生產基地並不會完全的轉移，有些設計變動頻繁的商品，如低單價的手機可能就不符合生產效益，但是例如電視或個人電腦這樣的商品很可能就會移轉到美國，利用便宜的電力與自動化設備進行生產。

另一個會影響到的就是天然氣相關製品，例如乙烯或是氮肥都可採用天然氣生產。這也是爲什麼台塑集團會大動作的釋股，並且擴大美國投資規模，因爲美國每公噸乙烯僅五百多美元，幾乎是亞洲市場的一半，這讓乙烯相關的衍生製品在美國有相當高的生產誘因，而台塑美國的據點附近即有油廠已順利開採，台塑美國直接用管線拉進廠區就能生產製造。

鋼鐵產業的部分也是一樣，過去業者將鐵礦砂精煉成鋼的過程多半使用煤炭，然而，有另一種技術可以採用天然氣來代替煤炭。雖然這樣的技術在三十年前就已經存在，只不過過去天然氣價格太高，因此這一技術並沒有實質上的效益。然而，頁岩氣革命後，以此技術冶鐵的成本約每公噸三百二十八美元，比傳統高爐碳煉鋼的每噸成本低了八十二美元或二〇%左右，也使得各國鋼廠紛紛競相赴美投資。

從前述的趨勢我們可以發現一連串的新工業革命正在發生，因爲若天然氣可以衍生出便宜的鋼鐵與塑化原料，那麼耗用鋼鐵與塑化原料的產業，如汽車或家電在未來很可能也會選擇在美國生產。天然氣的發電成本也低於其他的能源，這讓許多需要耗用大量電力的產業很可能也會選擇落腳在美國。這過程就如同當年英國工業革命從蒸汽動力帶動紡織、煤炭、鋼鐵、鐵路等產業一樣，從中國製造到美國製造很可能只是個開始而已。

## 包圍，世界工廠

雖然在本章一開始是拿美國與蘇聯的冷戰，來比喻現在美國和中國之間的關係，然而，兩者之間其實還是有著顯著的區別。舉例來說，現在的美國與中國有著緊密的貿易關係，而中國又是美國最大的海外債權人，兩個國家間的連結性遠遠高於當年的美國與蘇聯，也因此軍事衝突是不容易出現的，取而代之的只是在國際上更多的政治與經濟角力。對於美國來說，這樣的包圍網也並非眞的想要讓中國如蘇聯般的瓦解，其所想要達成的目標正如季辛吉所說的，讓美國能夠繼續掌握這個世界的能源、糧食，以及貨幣，而其中至爲關鍵的，當然就是維持美元的國際儲備貨幣地位了。

我們在第2章曾經提到美國經濟的「資本輸入」運作模式，美國用美元跟全世界買了一堆商品，而這些流出去的美元再通過投資美國金融商品的方式回流美國，最終，美國人得到了實體商品，其他國家的人則拿到了以美元計價的美國金融商品。這樣的模式眞可謂是得天獨厚了，而美國之所以能夠這麼做的原因就在於美元是全世界最主要的儲備貨幣。

小型經濟體自然是無法撼動美元的地位，而大型的經濟體必然不願意長久屈居於美元之下，讓美國坐收龐大的鑄幣稅利益，例如歐元的成立在根本上就是希望能夠擺脫美元的控制。中國雖然在改革開放初期是採行盯著美元的匯率制度，並且透過購買美債來壓抑人民幣的升值趨勢，然而，中國隨著經濟逐漸茁壯，也漸漸的嶄露出想要脫離美元的意圖，例如在二〇〇五年匯改中，就讓人民幣改盯一籃子貨幣並放寬浮動區間。二〇〇七年美國在次貸風暴之後的數次量化寬鬆，更讓中國政府企圖加速人民幣國際化的速度，以擺脫美元的控制，於是在二〇〇八年取消了強制結匯制度、二〇〇九年四月開始啓動人民幣跨境貿易結算試點，在那之後更是已經實現貨幣互換協議，及貸款利率自由化等措施。

對於美國來說，必然不樂見於一個新的國際儲備貨幣崛起，試想如果中國這個美國最大的債權人在未來逐步減少購買美債，甚至於反手出售美債，那麼對於美國的經濟將會產生多大的衝擊？更不用說假以時日，其他國家的中央銀行開始將外匯存底配置在人民幣資產而非美元，這對於美國來說將會是致命性的衝擊。也因此美國必然會盡一切的可能去阻止或者減緩人民幣國際化的速度，而這也是美國這一連串「亞太再平衡」策略，在政治、軍事與經濟上對中國進行包圍的主要目的。

如果以圍棋的術語來說，這應該算是美國對中國的「問應手」吧？

中國的新任政權正疲於應對國內產能過剩及房地產泡沫問題的同時，美國則是在外部施加各種壓力來觀察中國政府的應對，在這樣內外交困的環境之下，中國的房地產泡沫在未來恐怕是只能夠走上破滅一途了。

# 第 5 章
# 破滅，世界工廠

觸動利益比觸及靈魂還難，但再深的水也得淌。

——— 中國國務院總理李克強

資產泡沫現象猶如一顆氣球，在未充滿氣的狀態下，即使用針扎，它也不至於突然間破裂，反而會逐漸釋放內部的氣體並消退。然而，從前面幾章的分析我們可以發現，中國無論是在實體經濟或是房地產市場都存在著龐大的泡沫。現在的中國像是一顆鼓脹的氣球，任何外部刺激或者內部因素都足以讓這顆氣球快速破裂，而其所可能產生的衝擊自然也就大上許多了。

在已開發國家減赤、貿易壁壘、迷你世界工廠崛起、製造業回流美國，再加上美國在軍事、政治與經濟上的「亞洲再平衡」政策之下，中國的經濟命脈，也就是製造業與出口在未來的數年將會面臨嚴峻的考驗。

前面曾經提過「外匯存底的詛咒」這個觀念，說明房地產泡沫的根源就是氾濫的貨幣，那麼，讓房地產泡沫破滅的原因就是資金的退潮了。當中國實體經濟出了問題以後，這個經濟體創造貨幣的能力也會跟著減弱，過去持續推升中國房地產價格的動能在未來將會無以爲繼。

我們在第3章曾以日本、台灣與泰國這些東亞國家外匯存底快速累積的過程來說明泡沫的成因，而這些國家在泡沫破滅之前也都出現了一些相似的訊號，如果我們將之對照到中國目前的情境，就會發現類似的現象已經出現，中國泡沫的破滅已經來到倒數計時的時候了。

## 歷史上的泡沫們如何破滅

一九九四年在好萊塢有部電影叫作《捍衛戰警》（Speed），劇情是這樣的，恐怖份子在一輛巴士上裝了炸彈，這輛巴士必須把時速維持在五十英哩以上持續行駛才不會引爆，這樣的困難度是可想而知的，舉凡出現路障、汽油用罄、機械故障等因素都可能引爆這輛巴士。我認為現在中國的房地產，甚至是整個亞洲的房地產其實就像是這輛巴士一樣，資金的退潮終將讓這輛高速行駛中的巴士失速，並引爆資產泡沫。

在第3章已經闡明，外匯存底、貨幣供應量，以及房地產泡沫之間的關連性。我們看到許多歷史上的泡沫都是在外匯存底快速累積的背景下發生，這意味著浮濫的貨幣是釀成房地產泡沫的主要原因。這些泡沫破滅的跡象則是都指向外匯存底增速的趨緩，甚至於減少，當然這背後所代表的意義就是貨幣供給的減少了。

以日本的泡沫事件來看，該國股市是在一九八九年底見到歷史最高點，而股市與房市的泡沫是在一九九〇年開始破滅，然而，從圖5.1可知，如果從外匯存底來看，其實在一九八九年就已經出現減少的跡象，這也說明了日本的貨幣供給趨緩，甚至於減少的狀況早在泡沫破滅的前一年就已經出現，這也讓過去推升日本股市與房地產泡沫的力道無以為繼，最終在一九九〇年走上破滅一途。

台灣的股市在一九九〇年正式起跌，從最高點起算，在一年內下跌超過八〇%，房地產則是在一九九二年開始由高點修正，但外匯存底則是早在一九八八年就出現了減少的現象，如圖 5.2 所示，同樣的現象也發生在泰國，泰國在一九九七年正式掀起亞洲金融風暴的序幕，但該國的外匯存底則是在一九九六年就出現了減少現象，如圖 5.3 所示。

圖 5.1　日本外匯儲備在 1989 年就出現減少現象

日本 1980 年～1990 年外匯儲備存量變化（單位：十億美元）

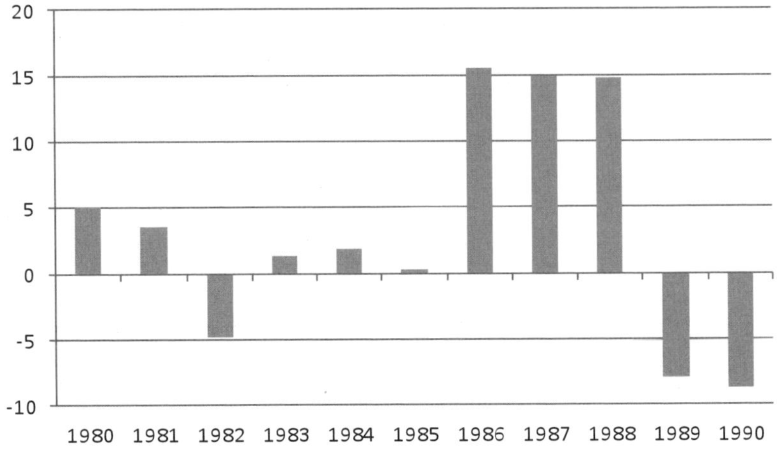


資料來源：IMF.

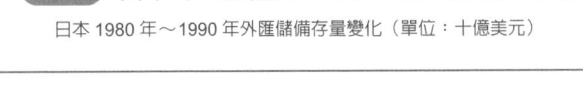

圖 5.2　台灣外匯存底在 1988 年就出現減少現象

台灣 1980 年～1990 年外匯存底存量變化（單位：十億美元）

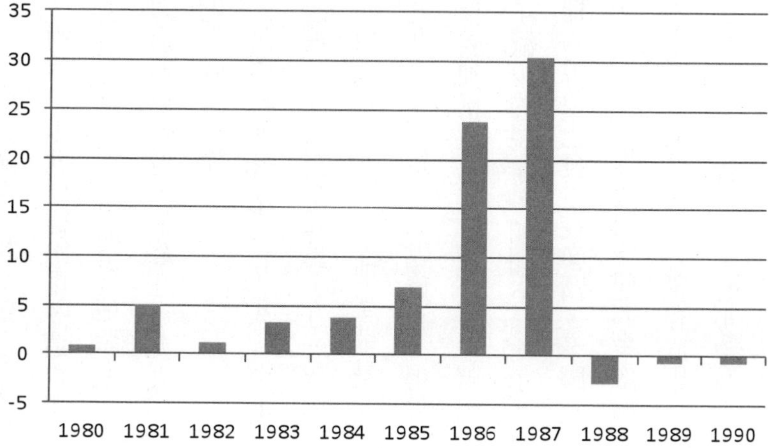


資料來源：中央銀行。

圖 5.3　泰國外匯儲備在 1996 年就出現減少現象

泰國 1986 年～1997 年外匯存底存量變化（單位：十億美元）

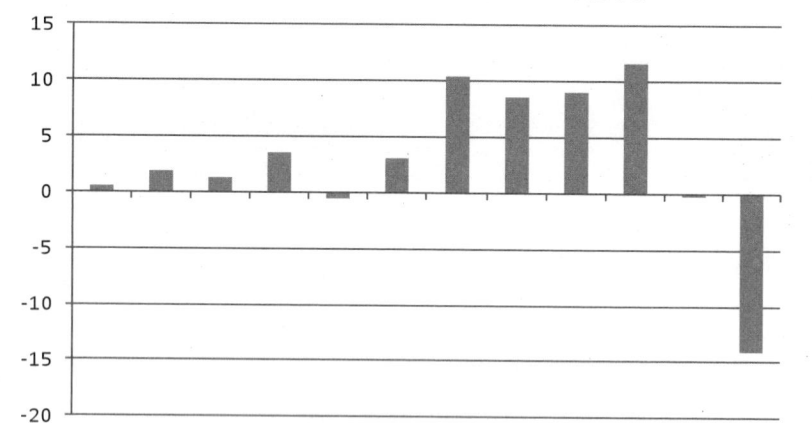

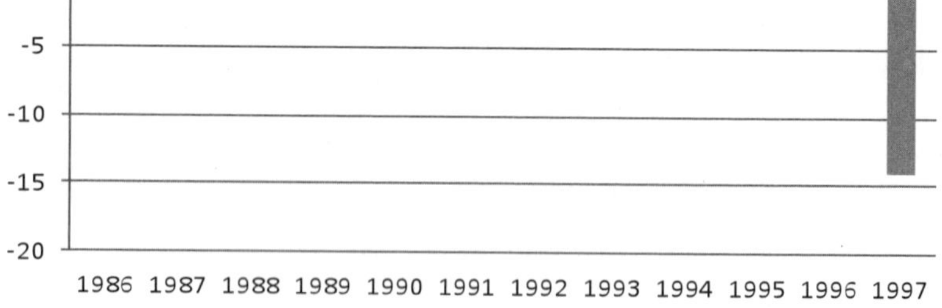


資料來源： IMF international financial statistics yearbook 2002.

那麼，身為擁有全世界最多外匯存底的中國呢？

我們在第3章談到，中國自改革開放後的很長一段時間，在國際收支上都是呈現雙順差的局面，這中間最主要原因就是中國政府所採行的盯住美元政策。這一方面讓中國出口得以維持一定的競爭力，使得經常帳順差能夠延續，另一方面，由於人民幣呈現緩升的格局，也讓許多預期人民幣將持續升值的資金湧入，而這就造就了長期的金融帳順差。雖然中國政府在二〇〇五年讓人民幣改盯一籃子貨幣，並開放人民幣在一定區間浮動，二〇〇八年取消強制結匯制度等措施有助於緩解這樣的現象，然而，雙順差的格局仍未顯著改變。

中國過去這些年來為了減緩人民幣的升值速度，只能夠持續的收購雙順差所產生的外匯，並累積外匯存底，同時釋放出等值的人民幣，這也成為過去這十幾年來，中國貨幣供給量快速增加，房地產價格持續攀升的主要原因。從另一個角度來看，如果中國的雙順差無法維持下去，那麼中國外匯存底累積的速度將會因此趨緩，貨幣供給量也會因此減少，一如前述的日本、台灣與泰國的案例，屆時泡沫的破滅似乎就無法避免了，而現在的中國正在經歷這樣的過程。

中國自一九九三年的匯改之後，其外匯存底便開始快速的累積著，外匯存底年增量在二〇〇七年到二〇一〇年間達到頂峰，但自二〇一〇年之後增量便開始逐年遞減，這樣的趨勢與近年來中國國際收支的變化有著高度的相關性。我們從第151頁的圖3.10來看，中國的經常帳順差在二〇〇八年達到最高峰的四、二六一億美元，在那之後便呈現逐年遞減，到了二〇一二年只剩下一、九三一億美元；而金融帳的部分，中國在二〇一二年則是出現了自一九九八年之後的第二次逆差。

在國際收支順差縮減的過程當中，外匯存底的累積速度也持續減緩，如圖5.4所示，這也是爲什麼在二〇一一年會發生溫州走佬潮、二〇一二年各大銀行開始在季底搶存款，到二〇一三年更發生錢荒的原因。

圖5.4　中國外匯存底自2010年起就出現增量遞減現象

中國2001年～2013年外匯存底年增量變化（單位：十億美元）

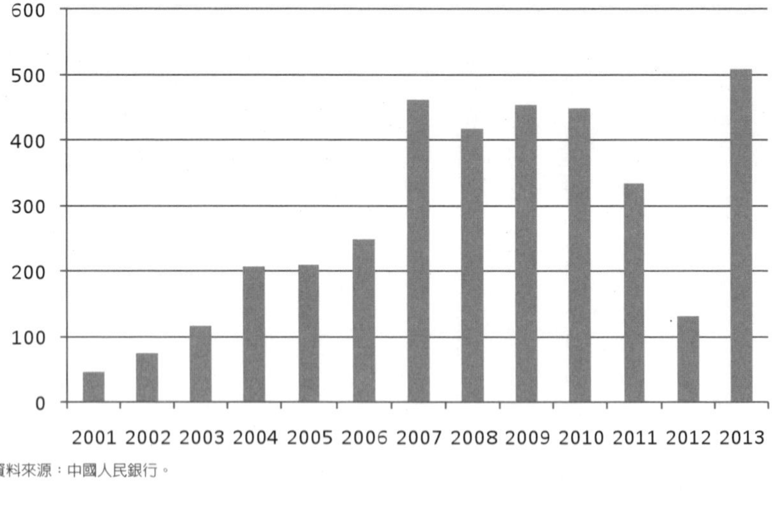


資料來源：中國人民銀行。

到了二〇一三年，中國的外匯存底增量創下歷史新高，中國一線城市的房價也同時出現大幅度的上漲，似乎中斷了外匯存底縮減的趨勢。只不過這樣的現象恐怕只是曇花一現，因爲從外部環境與中國的內部條件來看，中國國際收支順差將會持續縮減，貨幣供給將會出現趨緩，甚至於減少的現象，屆時中國這鼓脹的氣球也就必須面臨破滅的風險了。

## 美元指數循環牽動市場

我們先從外部環境未來的變化來看其對中國經濟發展的影響。

每一次美國的升息與降息循環都會牽動著全球資本市場變化，這是因爲美元在國際儲備貨幣中占了超過六〇%的比重，因此美國聯準會的貨幣政策就牽動著全球資金的榮枯。

從美元指數近三十年來的走勢可以看出它經過了幾個大的循環。在一九八六年到一九九三年的這七年間屬於熊市，美元指數從一二〇以上的高點下跌到八〇以下；一九九四年到二〇〇一年，則是從谷底又回升到一二〇以上；從二〇〇二年網路泡沫後到二〇一三年這十幾年之間，美元指數又再度陷入熊市，那麼，從牛熊循環的觀點來看，美元指數接下來能否如同一九九四年到二〇〇一年間，出現新一輪牛市呢？

關於這點，我們必須了解美元指數爲什麼會在前一輪的一九八六年到二〇〇一年間出現熊市與牛市交替的循環，才容易判斷我們目前所處的這一輪的變化是否會一致。如果我們深入去分析就會發現，這中間的相似性是非常高的，美元指數在一九八六年到一九九三年的熊市，其實與二〇〇二年到二〇一三年的熊市有非常多相似之處，包括在產業發展遭遇挑戰、本土的金融泡沫、國際戰事的支出，以及債務上限問題。

## 產業發展遭遇挑戰

一九八〇年代的日本靠著全面品質管理、持續改善，以及即時生產等提升生產效率與品質的措施，實現了亮眼的經濟表現，日本以汽車產業爲首的企業迅速在全世界占領了原屬於美國企業的市場。一九八〇年日本汽車產量首度突破一千萬輛大關，達一、一〇四萬輛，占世界汽車總產量的三〇%以上，一舉擊敗美國成爲「世界第一」，這樣的衝擊自然會對於美國的經濟產生嚴重的影響，失去了汽車業與基礎工業的美國在經濟上面臨困境，經常帳出現了大規模的逆差。

同樣的問題也發生在二〇〇〇年後的美國。當時的美國在製造業上遭遇中國等亞洲國家的挑戰。中國在二〇〇一年加入世界貿易組織之後，許多的製造業，例如電腦、汽車，以及各種工業產品在全球化的發展之下快速的轉移到亞洲，這讓美國經濟出現結構上的問題，美國的經常帳同樣出現大規模逆差，並且在二〇〇六年達到最高峰。

經常帳逆差的意義在於美國所購買的商品與服務超過美國所生產與製造的，這也意味著美元大量流出到經常帳順差國。雖然有部分國家透過購買外匯的方式，讓資金經由金融帳回流美國，並且維持兩國之間的匯率關係，然而，其他未採取這樣作法的國家，其貨幣相對於美元就會出現大幅度的升值，例如一九八五年《廣場協議》後的日圓、一九八七年取消強制結匯後的新台幣，或是二〇〇〇年後的歐元等皆是如此，因此在美國出現大幅度經常帳逆差的同時，大量的美元釋出也使得美元指數出現了下跌的走勢，如圖 5.5 所示。

圖 5.5　美元指數近年似已逐出大底

1986/01 到 2013/08 美元指數走勢

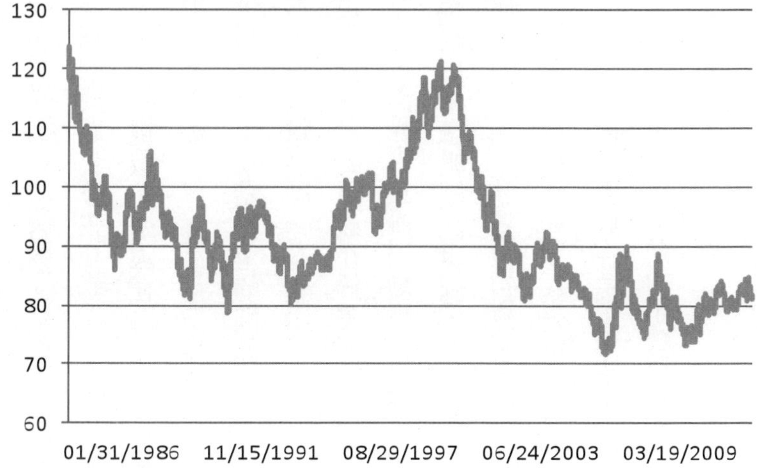


資料來源：Forexexpress.

## 本土的金融泡沫

我們在第3章提過，房地產泡沫是經濟發展失敗的象徵。因為許多政府在實體經濟陷入困境之後，便會以寬鬆的貨幣政策來試圖振興經濟，然而，因為實體經濟報酬率的低落，這些資金最終只會流入房地產市場並創造房地產泡沫而已。

前述美國在一九八〇年代產業的潰敗，促使當地資金捨棄實質生產投資，而轉向房地產市場，這就是發生於一九八〇年代的「儲貸危機」（Savings and Loan Crisis）的由來，當時儲貸機構的主要業務被限定在固定利率房貸業務，然而，一九七〇年代開始的石油危機讓美國大幅調高利率，這些從事固定利率放款的儲貸機構就必須面臨存款成本大幅上升的問題，因此在一九八二年間，這些儲貸機構便出現了巨額的虧損，加以美國國會在一九八六年通過賦稅改革案，取消房地產投資損失抵稅優惠，在那之後迫使許多人拋售房產，儲貸機構便因爲虧損加劇而出現大規模的倒閉潮。

二〇〇〇年的網路泡沫過後，美國不但在新產業發展上遭遇重挫，基礎製造業的機會也流失到了亞洲國家。當時的聯準會主席葛林斯班在兩年內將聯邦基準利率由六．五％調降至一％，這也成爲日後美國房地產泡沫的主要原因，最終並釀成了次貸風暴。

比較一九八〇年代儲貸危機與二〇〇七年次貸危機，兩者的背景其實是相當類似的。實體經濟的潰敗促使聯準會推出寬鬆的貨幣政策，而這些資金最終則是流入房地產市場，而非實體經濟。最終爆發的原因都是金融機構與房地產的快速擴張，當時的環境也都面臨嚴重的通膨，使得聯準會必須採取緊縮的貨幣政策來控制通貨膨脹，房地產的泡沫也就因此而應聲破裂，在那之後帶來的則是嚴重的失業及金融機構倒閉潮，同樣的，在兩次金融危機最嚴重的時刻，美元指數也都來到了相對的低點。

## 國際戰事的支出

從過去的經驗來看，戰爭與金融危機是造成美國財政赤字的主要原因，包括二次世界大戰、冷戰、儲貸危機，以及次貸風暴都是如此。我們在第4章提到一九八〇年代的美國與蘇聯正處於冷戰時期，這讓美國必須負擔龐大的軍事研發與維持費用，而同一時間所發生的儲貸危機讓美國的負債水位出現持續性的上升，同樣的也對於美元產生嚴重的衝擊。

相似的情況又出現在最近十年。美國在二〇〇一年爲了報復九一一事件而發動阿富汗戰爭，在二〇〇三年爲了爭奪石油美元又發動伊拉克戰爭，這兩項戰事再度將美國拖入財政赤字的深淵，二〇〇七年的次貸危機更是一舉將美國的財政赤字推向上兆美元的水準。國際戰爭與金融危機在一九八〇年代後，又再度成爲美國財政赤字的主要原因。

## 債務上限

美國爲了挽救金融危機、爲了支援國際戰事必然推高國家債務規模。

二〇一一年中，美國共和黨與民主黨爲了調升債務上限的問題僵持不下，兩黨拖延到了八月一日，眾議院才通過調高債務上限並削減赤字的議案，次日，參議院通過該議案並送交總統歐巴馬簽署，該次的債務上限危機暫時解除。然而，標準普爾信用評等公司則是在八月五日將美國的主權評等由最高級的 AAA 調降至 AA+，同時調降多家避險基金、債券基金，以及保險業者的評等，這讓當時的資本市場對於美元資產開始有所顧忌。

到了二〇一三年十月，同樣的戲碼再度上演。由於兩黨對於債務上限的調升無法取得共識，美國政府只得於十月一日起暫時關閉，最後到了十月十六日才協議提高債務上限，並將問題延後至二〇一四年初，中國的大公國際信評也因此將美國的信用評等，由 A 調降至與巴西同等級的 A-。

事實上調整債務上限對於美國來說並不是一件新鮮事，他們每隔一兩年都需要調高債務上限。柯林頓政府任內有八次、小布希有七次，而柯林頓政府在一九九四年也曾經短暫關閉部分政府機構來因應兩黨在債務上限的爭執，而這也造成了當時資本市場對於美元以及美債的不信任態度。

## 美元指數將迎來牛市

從上述的分析來看，美元指數在一九八六年到一九九三年，及從二〇〇二年到二〇一三年的這兩輪熊市有相當多的相似之處，包括產業發展受挫、本土金融危機、國際戰事，以及財政赤字所引發的債務上限爭議等。那麼，是什麼原因可以讓美元指數在一九九〇年代由八〇左右回升到二〇〇一年的一二〇，就很值得我們研究，因爲若同樣的情境再度出現，那麼美元指數也很可能再出現新一輪的牛市。

## 新產業的崛起

在一九八〇年代，當時的美國在汽車產業與基礎工業上輸給了日本，因此在經常帳上出現了大規模的逆差。美國雖然沒有能夠在基礎工業上扳回一城，然而，卻創造了電腦，還創造了網際網路這類新產業，並且大幅度提升整體的生產力。一九七七年賈伯斯的蘋果電腦公司推出 Apple II，宣布個人電腦時代來臨；

一九八一年ＩＢＭ急起直追推出PC 5150，一九八四年蘋果更發表Macintosh電腦，其人性化的圖形介面及滑鼠操作吸引了許多忠實的蘋果迷；一九九〇年Windows 3.0推出後，讓個人電腦開始支援滑鼠輸入，而微軟也將其應用軟體Word、Excel、PowerPoint等整合爲Office套裝軟體出售。

一九九四年網際網路逐漸普及，瀏覽器Netscape採開放版權方式，吸引大量消費者使用；一九九五年微軟推出新作業系統Windows 95，爲ＰＣ有史以來整合圖形介面最成功的作業系統，到了二〇〇〇年，網際網路熱潮在美國達到頂盛，全球的資金湧向美國市場，同時，美元指數也在那個時候達到近年來的最高點。

二〇〇七年次貸之後，美國的產業結構則是出現了另一次轉變。

一九九〇年代讓美國產業結構發生質變的電腦業，到了二〇〇七年以後已經不再是由美國所主導，全世界最大的個人電腦業者是中國的聯想集團，而美國在前五大業者中也只剩下兩名。其中戴爾電腦已經私有化進行組織調整，而關於惠普要出售個人電腦事業部門的傳聞則是從來都沒有停止過。

現在美國最熱門的產業是行動網路產業，與電腦產業一樣，這些新科技的發明不僅僅是應用在新科技而已，它們更是整體生產力的提升。另一方面，我們在第4章提到美國在能源部分興起頁岩氣革命，這將會大幅改變美國的生產成本與貿易結構。過去的美國是全世界最大的石油進口國，然而，當頁岩氣逐漸改變美國的能源結構，未來美國將不再需要進口大量的石油，甚至將成爲石油製品與液態天然氣的出口國，日後美國的貿易與經常帳逆差將可能大幅度的改善，美元流出的速度將會減緩，而這也意味著過去因爲巨額經常帳逆差所導致的弱勢美元恐不復見。

## 冷戰與反恐戰爭的結束

一九九一年蘇聯解體及冷戰結束，讓美國財政得以獲得喘息，由於蘇聯的解體讓美國不再需要維持巨額的軍事研發及維持費用，並將軍事研究的成果商品化，同時政府也可以將更多的資源投入經濟的發展，因此美國政府財政赤字在那之後便逐漸出現改善。

一九九二年，美國的財政赤字高達二、九〇〇億美元，然而，這個數字在那之後便開始持續的下降，到了一九九八年在柯林頓任內出現了財政盈餘六九〇億美元，二〇〇〇年的財政盈餘高達二、三〇〇億美元，加上當時網路科技的熱潮，一時之間美國的財政、經濟都成爲全世界追捧的焦點，美元也因此水漲船高。

根據斯德哥爾摩國際和平研究機構（SIPRI）的統計，美國的軍費支出自一九九一年冷戰結束之後，就出現逐漸遞減的趨勢，直到二〇〇一年的阿富汗戰爭開始之後才又開始增加。根據 costofwar.com 的統計，自二〇〇一年起，美國在阿富汗及伊拉克戰爭所花費的直接成本將近一・三兆美元。

然而，伊拉克戰爭已經於二〇一一年底結束，美軍也預計在二〇一四年完全撤出阿富汗，這兩場戰爭的結束對於美國未來的財政將會有相當大的幫助，二〇一二年四月，美國政府出現自二〇〇八年九月以來的第一次財政盈餘，到了二〇一三年六月，單月盈餘一、一六五億美元更是創下近五年來的新高水準，美國正逐漸擺脫戰爭所帶來的財政重擔。

## 寬鬆貨幣政策的結束

另一項會對匯率產生重大影響的，就是貨幣政策了。

美國在九〇年代初期將利率維持在三%左右的水準，這在當時算是相當低的利率，隨著美國的經濟條件逐漸好轉，聯準會在一九九四年啓動了升息循環，在那之後持續的調升基準利率，到了二〇〇〇年底，基準利率已經來到了六・五%

的高點，美元指數也因此在當時站上了一二〇的高點位置。

二〇〇七年次貸風暴之後，美國推出數次的量化寬鬆救市。到了二〇一四年初，則是開始縮減量化寬鬆購債規模，可以預見的是，美國在未來的一年到兩年之間將會完全退出量化寬鬆，甚至可能啓動升息機制，這樣的過程就有如一九九四年啓動的升息循環機制一樣，將會吸引國際資金回流美國市場，並且進一步推升美元指數。

## 再見一九九四，新興市場金融危機

不論是從實體經濟、政府財政，或者貨幣政策來看，推升美元指數在一九九四年到二〇〇一年間出現牛市循環的條件，似乎又在這幾年間浮現。關於這些現象，我在《美元圈套》一書中已經有過詳盡的描述。當美元指數由谷底翻升之時，將會讓這些年間流向世界各地的股市、房市、貴金屬與大宗商品的資金回到美國市場，當然，泡沫的破滅也就不遠了。正如同巴菲特所說：「退潮的時候，我們就知道誰在裸泳了。」然而，經濟體質表現最差的國家將會在這過程中率先受創。

事實上，美國在一九九四年二月啓動升息循環後，在接下來的幾年間就造成全世界資本市場的大幅度波動，在一九九四年十二月爆發的墨西哥金融危機，其根本原因就是美國這波緊縮循環所引起的。

墨西哥金融危機的成因，其實與第3章所提到一九九七年亞洲金融風暴中的泰國相當類似，這兩個國家當時所採取的都是盯住美元的聯繫匯率政策，而我在很多場合都會提到聯繫匯率與固定匯率制度有著先天上的缺陷，因此往往都會成爲金融危機的導火線或者熱錢攻擊的目標。

墨西哥被高估的幣值一方面讓該國的出口受到影響，另一方面則是帶來了消費的熱潮，這一來一往之間讓墨西哥的經常帳逆差不斷的擴大，一九八九年的經常帳逆差爲四十一億美元，到了一九九四年已經擴大到兩百八十九億美元了，而當時墨西哥的外匯存底甚至不到兩百億美元。

墨西哥政府爲了平衡國際收支，只能夠從金融帳著手，透過金融開放與鼓勵政策來吸引外資投入，然而，進入墨西哥的資金並非是能夠創造生產力的直接投資，而是投資在墨西哥的股票與債券等金融商品，也就是說這些資金都是短期投資，稍有風吹草動就很可能會出現大幅度撤離。

一九九四年下半年，墨西哥發生暴亂事件，加上美國自該年二月份啓動升息循環之後，基準利率到年底已經從三％調升到五．五％。政局的不穩定及熱錢回流讓外資開始撤離，然而，墨西哥外匯存底規模絕對不足以應付如此龐大的資金退潮。該國政府於是在一九九四年底宣布讓披索貶值一五％，而這觸發了投資者的敏感神經，因此大幅拋售墨西哥披索，在短短的三天之內，披索兌美元貶值了超過四〇％，墨西哥的外匯存底接近用罄，接連著股市也出現暴跌走勢。

墨西哥的問題在那之後開始擴散到拉丁美洲的其他國家，因為他們的經濟結構相當類似，包括阿根廷、巴西、智利等國的股票、債券，以及貨幣都出現不同程度的下跌，這樣的危機直到美國與國際貨幣基金提供了巨額的援助基金才暫告中止。

與墨西哥金融危機重疊的國際重大金融事件，是日圓的大幅貶值。一九九五年，當時的日本還在一九九〇年泡沫破滅後的復原期，因此該國政府希望能夠透過日圓貶值來振興經濟，有著「日圓先生」之稱的榊原英資時任財務省國際金融局局長，與美國達成協議聯手干預日圓，在那之後美元／日圓就一路從八〇元，上升到一九九七年的一二〇左右。

一九九三年中國人民幣的匯改、一九九四年拉丁美洲貨幣的貶值、一九九五年日圓的貶值，改變了前述這些國家的出口競爭力。我們在第1章已經提過中國在匯改之後的快速發展，而墨西哥披索在大幅貶值之後，也改變了該國的貿易結構，一九九四年還存在著一百八十五億美元的貿易逆差，然而，次年卻出現了七十八億美元順差，到了一九九七年也還有著六十五億美元的順差。

這些貨幣的貶值在那幾年逐漸影響了東南亞國家，我們從第3章中可以發現，泰國的經常帳逆差就是從一九九五年開始擴大的，因爲泰銖執行盯住美元的政策，所以當其他國家貨幣對美元貶值時，泰銖就等於是「被升值」了。相對來說，不論是墨西哥或者是中國，在那些年都出現了經常帳順差的高度成長。隨著泰國經常帳逆差的擴大，他就陷入了與一九九四年的墨西哥一樣的困境，經常帳逆差、美元轉強加上對沖基金的狙擊，亞洲金融風暴也就此爆發了，而這些都是美國在一九九四年開始升息，美元轉強後幾年間所發生的一連串蝴蝶效應事件。

時隔近二十年以後，很多類似的情境又再度發生。

美國的量化寬鬆規模在二〇一四年開始縮減，而完全退出甚至於升息，只剩下時間問題而已。我在二〇一一年六月出版《美元圈套》一書時，曾提到弱勢美元即將展開反攻，亞洲金融風暴恐將再現，然而，當時的美國深陷債務上限爭議及信用評等調降問題，鮮少有人認爲美元會出現大幅度的漲升，但資金的退潮其實從那個時候就已經悄悄的開始。

如同一九九四年的資金大退潮一開始是讓墨西哥先發生金融危機一樣，這次資金的退潮也會對體質孱弱的經濟體先產生衝擊。例如，經常帳長期處於逆差的印度、巴西、南非、阿根廷，以及土耳其，或者經常帳順差逐漸在縮減的印尼都是如此。

前述這些國家的經常帳數據雖然呈現逆差，然而，在過去很長一段時間由於「金磚四國」「金磚五國」或「高成長八國」這類的行銷口號喊得震天價響，同時美國的量化寬鬆機制更讓大量的資金湧向這些新興市場避險，因此吸引許多國際資金投入這些國家，這些國家的貨幣反而在美國次貸風暴之後的數年間，出現對美元大幅升值的現象。

當這些國家的貨幣在大幅升值之後，就會進一步影響到該國的經常帳，經常帳順差的規模可能會縮小，甚至於轉為逆差。金融帳之所以會大量流入並非著重於這些國家的實體經濟，而是投資於各類金融資產，這也讓這些國家的貨幣雖然是呈現升值趨勢，然而其經濟體質卻是逐漸在惡化，當市場出現劇烈波動的時候，資金就會開始大量撤出，一如一九九四年的墨西哥，或者一九九七年的泰國一樣。

美國在二〇一一年八月所發生的信用評等被調降事件，成為前述這些貨幣由強轉弱的分水嶺，市場開始撤出高風險資產。在那之後隨著美國經濟的逐漸復甦，資金也就持續從這些市場流出，反應在貨幣上就是逐漸的貶值。這些國家的貨幣累積貶幅相當的驚人，例如印度盧比自二〇一一年八月的一年內貶值超過二〇%，巴西里爾貶值二五%、南非蘭特貶值了二三%。由於這些貨幣是緩跌，而非短時間內的急挫，因此並未引起市場的注意，同時也因爲這些貨幣的權重較小，所以並未反應在美元指數的變化上，直到二〇一二年底日圓的大幅貶值後，才開始引發市場對非美貨幣大幅貶值的關注。

## 日本棄中國而就東協

日圓在日本總理安倍晉三的「安倍經濟學」推動之下，自二〇一二年十月開始出現了快速貶值，事實上除了安倍經濟學的推動之外，日圓這次的貶值也有其基本面的因素。

二〇一一年三月十一日，日本東北地區發生嚴重地震，並引發海嘯，福島地區的核電廠也因此停擺。日本長期以來高度依賴核電做爲能源的供給來源，而在福島核災之後，除了受損的機組之外，反核聲浪的高漲也讓許多核電廠因安全問題進行維修，甚至關閉，二〇一二年五月間，日本一度成爲零核電的國家。

日本因此陷入了前所未有的能源危機，只得大量增加石化能源的進口，這讓日本除了在二〇一一年及二〇一二年都出現了貿易逆差之外，該國在二〇一二年的經常帳順差還創下歷史最低的紀錄，而這也成為日圓貶值的基本面因素。

能源危機讓日本企業開始思考分散風險的問題，根據日本貿易振興機構的統計資料顯示，二〇一一年該國對外直接投資金額為一、〇八八億美元，年成長率高達九〇・一%，這是自一九八六年以來最高的年成長率。

日本企業在一九八六年之所以會大舉對外投資的主要原因，在於前一年的《廣場協議》讓日圓兌美元出現大幅度升值，因而多數的企業只能對外尋找能夠降低生產要素成本的區域落腳。而二〇一一年則是因著能源危機及日圓升值的因素，日本企業因此大舉的進軍海外，以尋求更合適的生產基地。

然而，到了二〇一二年底，日圓開始出現大幅度貶值，這讓企業外移的速度開始減緩，二〇一二年日本對外直接投資的金額較前一年度只成長一二・五%，到了二〇一三年上半年，更是較前一年同期減少了五・九%，日本企業整體對外投資金額因著日圓貶值逐減縮減，只不過如果就個別區域來看，日本的整體對外投資策略在二〇一三年開始有了明顯的轉變。

相較於日本企業整體對外投資的減緩，二〇一三年上半年日本在亞洲地區的投資則是成長了二二・二%，其中對於東協四個國家的投資，包括泰國、印尼、馬來西亞，以及菲律賓成長了一八三・一%，對越南的投資也成長了三四・一%，然而，日本對於中國的投資卻是衰退了三一・二%，對香港減少了四六・五%。日本企業棄中國而轉向東協的動作，可說是非常的明顯。

日本除了投資在傳統的東協地區之外，在經濟上也積極的與中國過去的盟友接觸。二〇一三年五月，日本首相安倍晉三宣布，將向緬甸提供九億美元的政府開發援助，並免除約一七・四億美元的債務。雙方合作的迪洛瓦經濟特區已於二〇一三年十一月三十日正式開建，該特區日方占股四九%，緬方占五一%。二〇一三年十二月，日本和緬甸簽署投資協定。日本的海外投資之所以會有這麼大幅度的轉變，最主要原因在於我們第4章所提到的，日本與中國在釣魚台的紛爭，這幾乎是與日圓大幅貶值同時發生的事件。當時中國國內輿論出現強烈抵制日本商品與企業的聲浪，許多日本品牌在中國的營業據點遭到破壞，這樣的對立情緒隨著安倍首相欲透過修憲來擴張軍備而更加高漲，因而讓日本企業開始對於投資中國裹足不前。

政治因素之外，實質的經濟因素也是企業考量的重點。日圓貶值、人民幣升值、中國製造成本上升、加上第4章提到的貿易壁壘等問題，也讓日本企業開始減少在中國的投資，並轉向東協國家，這也將同時對於中國的經常帳與金融帳產生負面的衝擊。

根據中國國家統計局的資料顯示，中國歷年外商直接投資實際使用金額中，日本是僅次於香港的第二大投資來源地，倘若日本減少對中國的投資，那麼首當其衝的就是中國的金融帳順差將會開始縮減，甚至如二〇一二年已經開始轉爲逆差。長期來看，日本減少在中國的投資，將會降低日本企業在中國的經濟活動與出口貿易，將會進一步減少中國的經常帳順差。

## 亞洲金融風暴到金磚風暴

日圓在二〇一二年底開始的大幅度貶值，又再進一步的使得前述經濟體質孱弱國家的貨幣面臨考驗。包括印度、印尼、土耳其、巴西、南非，以及阿根廷等國家的貨幣，持續出現貶值走勢，並且進一步擴散到東協與中南美洲的國家。

如前所述，這些國家多數的經常帳都呈現逆差現象，長期以來都是靠著金融帳的流入來維持國際收支平衡與貨幣價值，而這樣的貨幣價值其實是被過度高估的，因爲這些國家的實體經濟活動並不足以支撐這樣的匯率。美國量化寬鬆開始退場，全球性的資金緊縮與回流美國將無法避免，而當這些國家的貨幣開始貶值的時候，資金外逃與通貨膨脹的問題就會同時發生。

當貨幣出現貶值趨勢之後，這些國家的政府與企業過去以外幣所舉借的債務就會變得更加沉重，原來預期可以負擔的負債金額卻因爲貨幣貶值的問題而出現債務危機，這麼一來就會再加重該貨幣的貶值走勢，陷入嚴重的惡性循環，而這是大多數的國家所不願意見到的。

我在《美元圈套》一書中曾寫道：

亞洲的房地產與股市，其中也包括印度與巴西這些新興市場在內，將無可避免的在升息過程中要面臨大幅度的修正。一九九七年的亞洲金融風暴在這次將升級爲「金磚風暴」，不論是這些國家本身爲了控制通膨與資產價格的升息，抑或是美國的升息與美元的轉強，都會緊縮這些區域的資金供給。我們首先會在股市看到比較明顯且快速的反應，而房地產的修正時間將會是漫長的。

這些國家在面臨貨幣貶值的時候，首先要解決的問題就是貶值所帶來的輸入型通貨膨脹。他們可以選擇讓貨幣在市場機制之下持續貶值，但是這麼一來要面對的是不斷高漲的民怨與示威抗議事件，而另一個選項就是對於持續貶值的貨幣來進行干預。

第一種干預方式是透過外匯存底來進行，也就是賣出外匯存底中的外幣資產，並且買進本國貨幣。只不過這樣的方式就等於縮減本國的貨幣供給，這麼一來，本國的股市與房市將失去繼續推升的動力，那麼資產價格的崩跌就無法避免。更重要的是，如果透過人爲方式將匯價支撐在特定的位置，很可能會進一步引來熱錢的狙擊，倘若外匯存底的規模不夠龐大，例如土耳其、南非、智利、印度、印尼，以及阿根廷的外匯存底，就低於該國一年的短期負債與經常帳逆差規模，那麼這樣的干預機制最終仍會有崩潰的可能。

另一種方式則是透過升息來提升本國貨幣的報酬率，以減少資金外流的現象，並維持貨幣的價格。然而，這樣的方式同樣是對本國貨幣採行了緊縮的政策，因此股市與房地產價格的調整仍然無法避免。更重要的問題在於利率的調升有各經濟體其所能承受的極限，而當國外資產報酬率也同時在提升的條件下，調升利率能否留住大量資金仍是未定之數。

前述的經濟體當中，多採取了雙管齊下的干預政策，也就是在升息的同時，也動用部分的外匯存底來維持匯率，包括土耳其、巴西、印尼、印度、南非，以及阿根廷都是如此。事實上，這些干預措施不僅在一九九四年墨西哥的金融危機中曾採用，一九九七年亞洲金融風暴中的泰國，也曾採用同樣的對策，然而，結果卻都仍然無法避免金融危機的發生。也就是說，不論採取何種措施，這些國家終究要面臨股市、房市與匯率的大幅度調整，直到一個新的市場價格平衡點為止。**過去幾年在歐元區與美國所發生的債務危機與去槓桿化過程，現在輪到這些新興市場國家了。**

## 復仇者聯盟

金磚風暴的影響並不會只停留在這些經濟體質較差的國家，最終它將會回過頭來影響目前看起來最為健全的金磚國家，也就是中國。如果從歷史的角度來看，這應該算得上是這些新興市場對於九〇年代的金融危機，及近年來在全球製造業地位上逐漸被中國取代所做的復仇吧？

我們在第1章提到，中國於一九九三年進行了匯率改革，讓人民幣一次貶值了三三%，這正是造成我們在第3章中提到的亞洲金融風暴的原因之一。因為人民幣的貶值、低廉的生產要素成本，加上中國重啟改革開放之路，迅速搶占了周遭國家的製造業商機，尤其是同為新興市場的東協國家們。以泰國為例，當其實體經濟出現問題，經常帳逆差開始擴大之後，就無法再繼續支撐盯住美元的匯率制度，在外匯存底規模有限的條件之下，最後只能放手讓泰銖貶值，股市與房市出現大幅度的崩跌。

當時泰國的實體經濟之所以會受到影響，可以說是因爲在人民幣匯改之下，泰銖被動的「被升值」了，經常帳的逆差也因此而擴大。然而，泰國政府認爲可以靠著金融帳的流入來平衡國際收支，因此不願意做出讓泰銖貶值來提振實體經濟的決定。當然，最後證明這樣的作法必須付出極大的代價，問題更是蔓延到東亞的其他國家，包含經濟體質較爲強勁，經常帳出現長期順差且擁有大量外匯存底的國家也是一樣。

例如，台灣當時雖然在匯率上未出現崩盤式的下跌，但實體經濟與金融市場仍然遭遇極大的衝擊，以至於當其他國家的危機逐漸落幕的時候，台灣反而在一九九八年下半年到一九九九年初爆發了本土型的金融風暴，多個大型財團出現倒閉、掏空情事，金融業也出現嚴重的呆帳與倒閉事件。最主要原因在於這些企業的財務槓桿過高，又投入大量資金在金融操作上，包括交叉持股、借殼，以及房地產投資，以致於當國際經濟環境不佳時，便容易陷入周轉不靈而倒閉的困境。

這樣的金融危機擴散可說是人民幣在一九九三年進行匯改，並讓人民大幅度貶值後所發生的蝴蝶效應，只不過十幾年後，中國與這些東協國家的角色似乎出現了互換，東南亞與拉丁美洲的新興市場貨幣率先出現大幅度的貶值，反觀人民幣則是持續的維持穩定升值的道路，從相對關係來看，這次是人民幣大幅度的「被升值」了。

中國自二〇〇五年放寬人民幣浮動區間，並改盯一籃子貨幣之後，截至二〇一三年爲止已經升值了近三〇%，若以前述幾個陷入金融危機國家的貨幣起跌日二〇一一年八月起算，人民幣則是升值了四・八六%。相對來說，印尼盧比在這段時間貶值了二七・九一%、巴西里爾貶值了三六・八八%、印度盧比貶值了三五・四四%、南非蘭特貶值了三六・七三%、土耳其里拉貶值了一九・六八%，而其他東南亞國家的貨幣也多出現了貶值的走勢。

這些國家的貨幣在出現大幅度貶值之後，將有助於提振其出口能力，並改善經常帳的條件，加上我們在第4章曾經提到，這些國家相較於中國而言，在工資、土地等生產要素上具有成本的優勢，這將會促使國際企業的投資開始轉向。前述日本在亞洲的投資由中國轉向東南亞國家固然有其政治因素，卻也是現實的考量。這樣的條件對於其他國籍的國際企業也同樣成立，我們在第2章曾提到中國近年來的投資效率是相當低落的，因此包括耐吉、愛迪達等企業，紛紛轉往東協國家設置工廠。

在政治因素與經濟因素之外，我們在前一章講到美國的「亞洲再平衡」戰略，也可能催化這資金移轉的過程。畢竟如果其他國家在加入《跨太平洋戰略經濟夥伴關係協議》之後，若能夠在特定商品取得出口美國的關稅減免，那麼相較於在眾多商品仍有可能被美國冠上反傾銷與反壟斷罪名的中國，這些國家的投資機會自然是顯得更有吸引力。

除了與中國直接競爭的這些迷你世界工廠之外，近年來包括印度與巴西這類因爲金融帳大量流入，以致於造成該國貨幣被高估的現象，也可能出現改變。在第3章曾經提到巴西的例子，該國對於中國長期壓抑匯率以刺激出口的模式深感不滿，因爲巴西本身的基礎工業在過去這幾年，因爲本國貨幣的大幅升值及中國商品的入侵而受到重創，該國因此多次對中國的匯率政策表示抗議，甚至於祭出各種貿易保護措施來改變這個現象。

這些國家在經歷過這次的資金退潮與貨幣貶值洗禮之後，我認爲一些國家的政策方向將會出現改變，不論是主動或是被迫發生。例如，巴西的問題在於該國過早提供人民太多的社會福利，這迫使得政府必須要向個人與企業課徵較高的稅率，然而，當政府資源多用在社會福利時，這個國家就缺乏資源進行基礎建設，這麼一來就會造成經濟活動效率的低落，當該國的企業無法與外國企業競爭時，政府就築起了貿易保護的高牆，而這也是爲什麼巴西的通貨膨脹率會居高不下的原因。當巴西處於高稅率、高物價、高匯率，以及低落的基礎建設時，企業的投資意願與經濟活動發展自然是不足的，也因此該國政府在近年開始進行減稅及基礎建設的投資企圖做出改變。

類似的問題也發生在印度，印度不僅有著高度的貿易保護措施，對於外資進入投資也有著高度限制。只不過在資金持續外流、經濟活動疲弱，以及通貨膨脹高企的現實面下，印度政府也只能慢慢的走向開放之路，而這樣的開放在經過幾年之後將會帶來完全不同的氣象。

不論是日本、東南亞的國家，或是土耳其、印度、巴西這些近年崛起的新興國家，過去這十幾年來都因爲中國控制人民幣匯率的經濟發展模式而受到影響，例如一九九七年的亞洲金融風暴，或近年來新興市場製造業與基礎工業弱化的現象。在美國結束長達多年的寬鬆貨幣政策之後，這些國家無論是主動或被動，都出現了本國貨幣大幅貶值的現象，相對來說，正在積極推動人民幣國際化的中國，不僅不能，也不願人民幣出現貶值的走勢，這一來一往之間，兩者的出口競爭力就出現了極大的差異。

在這樣此消彼長的過程當中，我們首先會看到國際資金開始減少對於中國的投資興趣。從中國近年來的外商直接投資實際使用金額年增率，就可以看出這個現象，自二〇一〇年到二〇一二年，該數據分別爲一七．四四%、九．七二%，以及負三．七%，這說明外資在中國投資的腳步已經放緩，甚至有部分撤出的現象。

更重要的是，在外資匯入減少的同時，中國本土資金在投資效率的考量之下，卻是持續走向海外投資，根據《中國對外直接投資統計公報》的資料顯示，自二〇一〇年到二〇一二年，中國對外直接投資金額的年增率分別爲二一．七%、八．五%，以及一七．六%，二〇一二年的投資流量更高達八七八億美元，成爲僅次於美國及日本的全世界第三大對外投資國。

在這樣的過程當中，我們首先會看到中國的金融帳順差開始減少，甚至於出現逆差的現象。然而，當中國的競爭者們逐漸崛起，也會使得中國的實體經濟必須面對更爲嚴苛的環境，中國經常帳順差的縮減似乎是避免不了了。

小結前述外部環境變化對於中國的影響。中國的經常帳與金融帳順差在這幾年已經開始出現轉變，這意味著中國的外匯存底與貨幣供給，將不會再以過去的那種高速成長，而是會開始減緩甚至於減少，其所代表的也就是中國的資金供給將會開始減緩，這些都已經是正在發生的變化。而未來幾年最關鍵性的因素，則是美國的貨幣政策，因爲如同前述的推論，這後續的資金退潮及一連串的蝴蝶效應，將會讓中國的國際收支狀況更爲惡化，無法持續提供充裕的貨幣供給，過去推升中國房地產泡沫的資金將無以爲繼，而終告破滅。

## 中國內部改革戳破泡沫

我們在第1章提到，中國這個世界工廠的崛起模式，其實是摸著石頭在過河。縱然各國的政治體制、先天條件與時空環境有所差異，然而，從經濟發展的角度來看，東亞國家在發展過程中所遇到的問題，也多半會是中國未來所要面臨的問題。

自改革開放以來，中國設立了經濟特區、解除了大部分的物價管制、開放人民幣在一定的區間浮動、加入世界貿易組織等政策，雖然名爲「中國特色社會主義」，然而，實質上就是往資本主義靠攏，並且逐步實現市場經濟。在每一次改革的過程中，中國都必須面臨轉型的陣痛與調整，但在那之後卻也讓這個經濟體能夠走的更遠、更久，而現在中國最重要的政策方向就是「人民幣國際化」了。

人民幣的國際化是一條漫長的道路，但人民幣的國際化將可望爲中國帶來結構上的改變與更巨大的利益，也因此人民幣的國際化是中國必然會執行的政策方向，只不過，在這樣的過程當中是充滿了險阻，因爲許多國家都在這金融自由化的過程中，經歷了程度不一的金融體系問題與危機。

## 人民幣國際化的意義

在第4章曾引述美國前國務卿季辛吉的一段話：「控制了能源，你就控制了所有國家；控制了糧食，你就控制了人類；控制了貨幣，你就控制了整個世界。」而控制貨幣的目的就在於享有「鑄幣稅」這項特殊的權利。

我們在第2章提到，美國自一九七一年以來，多是處於經常帳逆差的狀態，該國是靠著大量的金融帳流入來維持美元的購買力與國際收支平衡。這樣的模式與前述發生貨幣危機的墨西哥、泰國，甚至於近年來的印尼、印度與巴西似乎是如出一轍，但美國卻沒有與這些國家一樣發生貨幣危機，最主要的原因就在於美元是全世界最主要的儲備貨幣。

二〇一二年，美國占全世界國內生產毛額的比重爲二一．八七%，而根據國際貨幣基金的資料顯示，同一期間美元占全世界外匯存底的比重則是高達六一．

二三%。最主要原因在於許多的大宗物資與商品都是以美元計價，也因此非國際主要儲備貨幣國就必須累積一定的美元做爲購買進口物資所需。更有甚者，則是透過收購美元來達成干預匯率的效果，並維持本國出口的競爭能力，過去的日本、亞洲四小龍，以及現在的中國都是這麼做的。

因爲這些國家對於美元有著龐大的需求，才得以支持美元的價格，而這些美元又透過金融帳的流入投資在美國的債券與金融商品，美國則是可以透過發行新的債券與貨幣，向全世界來購買所需要的實體商品，這就是國際主要儲備貨幣的專屬權利，也是維持美國這個龐大經濟體能夠順利運轉的關鍵因素。我在《美元圈套》一書中對於美國如何取得這樣的地位，及其資本輸入的運作模式有更爲深入的描述。

對於其他國家而言，尤其是具有一定經濟規模的經濟體來說，自然是不願意屈居於美元霸權之下。例如，歐洲國家在經歷過布雷頓森林體系的崩潰及《廣場協議》後，對於美元主導的國際貨幣體系早已心生反感，於是在一九九二年的《歐洲聯盟條約》中確立了歐元的地位，並於二〇〇二年正式成爲法定貨幣，在那之後許多非歐元區的國家也開始使用歐元做爲主要結算貨幣。

中國的國內生產毛額在二〇一二年約占全世界的一一・四七%，然而，人民幣做為國際儲備貨幣的比重不僅遠低於美元及歐元，甚至於還低於英鎊及日圓，對於中國來說，這其實是經濟發展上的一大阻礙，因為這不僅增加了中國企業進行國際貿易的匯率風險與成本，更重要的是，中國人民銀行也必須進行沒有效率的外匯儲備行為，當然就更不可能像歐洲或美國享有巨額的鑄幣稅了。從內部的角度來看，中國長期干預人民幣不僅僅阻礙產業的轉型與升級，更重要的是，這也成為中國貨幣發行浮濫與房地產泡沫的主要原因。

因此從中國的角度來看，人民幣的國際化將有助於這個國家經濟結構的調整，以走上可長可久的發展模式，而我們從許多正在研議及已經實施的政策中，就可以發現這正是習近平與李克強政權上台後積極推動的政策方向，

例如，在《三中全會全面深化改革若干重大問題的決定》中就提出包括：市場在資源配置中起決定性作用深化經濟體制改革、允許具備條件的民間資本依法發起設立中小型銀行等金融機構、完善人民幣匯率市場化形成機制、加快推進利率市場化、健全反映市場供求關係的國債收益率曲線、加快實現人民幣資本項目可兌換等改革方向。只不過，這樣的方向雖然是正確的，但這過程卻很可能會成為中國房地產泡沫破滅的內部因素。

## 人民幣國際化過程的艱難險阻

人民幣要成爲主要國際儲備貨幣需要具備幾個條件，首先，它必須要是可以自由兌換的，然而，目前人民幣僅限在經常帳下可兌換，也就是說，開放資本帳下的人民幣自由兌換，將是中國未來努力的目標，此外，人民幣匯率也需要開放自由浮動。在那之前中國還必須先讓利率市場化，但利率的市場化又必須建構在合理的市場競爭環境之下，也因此未來也勢必也要開放民營資本進入銀行產業。

前述這些條件並非全部都是必要性的，但一個越自由開放的貨幣，確實被其他國家央行認可成爲儲備貨幣的可能性也就越高，只不過在開放的過程中對於經濟的衝擊也是相當巨大。這就如同過去一直處在溫室的環境當中，之後逐漸開放與外界的環境接觸一樣，必然會造成這溫室環境與其中生物的重大影響，中國的經濟結構也會因此出現重大的改變。

### 利率市場化

以利率市場化爲例。中國人民銀行已於二〇一三年七月十九日宣布取消金融機構貸款利率的下限，九月份則是重啓國債期貨，這些都被視爲全面開放利率市場化的一個信號，接下來存款利率的市場化也只是時間問題。

利率市場化對於中國經濟的長遠發展自然是有利的，因爲它可以導正中國目前扭曲的資金配置與金融亂象。例如，中國長期以來因爲有著存款利率上限的規定，使得存款報酬遠遠跟不上物價上漲的水準，而當存款戶無法獲得合理的存款利息時，便會將資金投入能夠獲得更高名目報酬的商品，也成爲房地產泡沫的主要原因之一。此外，中國「影子銀行」的理財商品問題也是因此而來，其他各種以高利率爲名的詐騙或吸金行爲更是層出不窮。

只不過長期有利的調整，在短期來看卻可能釀成危機。中國在二〇〇八年的四萬億刺激方案推出之後，金融體系的積極貸放行爲就沒有停止過，這也造成中國銀行體系的存貸比及資本適足率均瀕臨法令規定的限制水位。在這樣的條件下，若開放存款利率上限的規定，可以想見各家銀行必然會開始提升利率以吸引存款，這麼一來，對中國的金融體系將會產生兩方面的影響。

首先，銀行業的利差將會大幅縮減，這麼一來，銀行股股價將會出現明顯的調整，而這對於中國銀行業過去藉由資本市場籌資，以提升資本適足率的方式，將會大打折扣，不僅僅銀行業失去投資的價值，連帶著貸放能力也會受到影響。

此外，當存款利率上升之後，部分存戶很可能就不會再選擇理財商品做爲投資標的，這麼一來，中國「影子銀行」的資金將會逐漸流失，而影子銀行背後所代表的房地產與基礎建設，也會因此缺乏資金的推升而崩潰。

除此之外，會產生類似效應的就是開放民營銀行了。目前中國的銀行體系幾乎都掌控在政府手中，這也造成貸放資源不平均的現象。許多國營企業能夠輕易的拿到大部分的貸款，但中小企業卻沒有辦法拿到營運所需要的資金，因此開放民營銀行可望有助於緩解這樣的現象。

然而，民營銀行的開放也使得銀行之間的競爭加劇。除了前述存款利率可能因此更進一步的上升之外，貸款利率也可能會因爲競爭而下降，銀行業的利差將會縮減，這樣的現象在中小型銀行業者身上將會特別明顯，而這將侵蝕銀行的獲利並影響後續的貸放能力。

因此倘若中國在未來開放利率市場化或民營銀行，我們可以想見的是，中國銀行業的寒冬就要來了，它們需要很長的一段時間來調整收入的結構，並試圖在激烈的競爭當中生存。銀行也會率先避開高風險低利潤的貸放業務，例如房地產就是這樣的項目，影子銀行的資金來源也會開始縮減，中國很可能要開始面臨理財商品違約的問題，一如美國的次級房貸一樣，那麼，對於中國已經高漲的房地產泡沫，及各種產能過剩的行業來說，自然是相當不利的。

## 浮動匯率

我們在第2章及第3章提到，中國自一九九三年匯改之後，便一直透過人為的方式來干預人民幣匯率，這使得中國得以長時間保持著國際收支順差，而中國為了壓抑人民幣升值的速度，只得釋放大量人民幣來購買順差所創造的外匯，但卻也同時創造了實體經濟與房地產的泡沫。

同樣的，從長遠的角度來看，自由浮動的人民幣是中國經濟轉型及持續增長的關鍵因素。因為自由浮動的人民幣將可以回過來迫使中國產業進行升級，同時人民銀行也不需要再投放大量的人民幣到市場，也能夠在一定程度上避免嚴重通貨膨脹及資產泡沫再度發生。

然而，人民幣的升值是有其極限的。二〇〇五年的匯改之後，人民幣對美元已經升值超過三〇%，也讓中國的出口競爭力開始面臨挑戰，我們從中國經常帳順差的縮減及外資直接投資的減少，便可看出這個現象。

雖然人民幣在緩升期間會吸引許多押注人民幣資產升值的資金進入投資，但當人民幣及相關資產價格漲升到一定程度之後，這些資金就會減緩匯入的速度，並開始獲利了結，呈現在國際收支上的就是金融帳的縮減，甚至轉爲逆差。

因此倘若未來中國開放了人民幣自由浮動，以中國現在的國際收支條件來看，人民幣可能還會出現一段上漲的趨勢，並且維持在高檔一段時間，而這對於中國國際收支的發展及外匯存底的累積，並非正面的發展，同時也代表著中國的貨幣供給增速會因此減緩，對於房地產來說自然是不利的訊息。

## 開放資本帳

資本帳的開放涉及了人民幣是否能夠成爲自由兌換的貨幣。資本帳主要包括三個項目，一、外國直接投資，二、國際借貸市場，三、以短期投資爲主的資本流動項目。

外國直接投資的開放並沒有太大的問題，因爲直接投資的進入有助於中國實體經濟的發展，包括提升生產力、引進技術與管理等能力。除了一些敏感產業或者中國政府重點扶植的產業之外，中國一直以來對於外資直接投資都是採取開放的態度。然而，就我們前面所提到的，外資在中國的直接投資近年來是呈現逐漸的縮減，二〇一二年還出現負成長，這也說明如果中國的經濟環境沒有進一步改善的話，直接投資不僅無法增加，甚至還會有撤資的現象出現。

國際借貸市場的開放則是一把雙面刃。當中國境內借貸較為困難或借貸成本較高時，在資本帳開放的情況之下，國內的金融機構或企業將會尋求到海外市場借款。這樣的作法當然能夠刺激本國的經濟與消費，並且舒緩國內資金緊張的現象，只不過從長期來看，卻是存在著投資項目錯置、借貸期限錯置，以及貨幣對應錯置的問題。

投資項目錯置，指的是國內向國外借貸並投資在不合宜的產業上。舉例來說，假設一個經濟體欲對房地產市場做出調控，以抑制房價的飆漲，也因此在政策指導之下，這個經濟體境內的金融體系停止對房地產開發商的貸放，這些地產開發商就會轉而向國際市場借貸，這樣一來，該國政府對於房地產的調控成效便打了折扣，資產泡沫的問題就更形嚴重。

當這些開發商所舉借的是短期債務，很可能再延伸為借貸期限錯置的問題。例如，開發商向外資銀行舉借的是一年期的短期借款，然而，卻因為政府的調控措施，使得開發案無法順利銷售，那麼積壓的存貨無法轉成現金流入，這樣一來，開發商的資金周轉就會出現問題。

當這個經濟體出現了多起企業違約事件之後，這個國家的匯率就會受到影響而貶值，這對於舉借外國債務的政府、企業或個人而言，則是雪上加霜。因為債務人不僅須要面對艱困的國內經濟環境，而在本國貨幣貶值之後，他過去舉借的外幣債務就顯得更為沉重，這就是所謂的貨幣對應錯置，一九九四年以墨西哥為首的拉丁美洲危機，及一九九七年以泰國為首的亞洲金融風暴就是如此。

短期投資的資本項目多半是以股票、債券或貨幣為主的短期資金。這類資金多半不會進入到實體經濟，而是進到了金融市場，推升了股市、房市或者匯市。這樣的資金流入會創造資產價格上漲的假性繁榮，同時也會帶來實質匯率的上升，並且影響這個國家的出口競爭力，長時間下來，這個國家的實體經濟競爭力就會出現問題，這些資金也會在這個時候開始退潮，例如近年來的印度與巴西都是屬於這樣的案例。

## 台灣經驗

從上述的分析來看，利率市場化、開放民營銀行、開放資本帳，以及貨幣自由兌換的實施多半屬於雙面刃，雖然可能帶來國際資金的挹注，同時也是人民幣國際化的一個必要過程，卻也可能因此在過程中，造成一定程度的金融問題，我們從台灣的金融自由化過程中，就可以發現這個現象。

台灣的利率市場化、銀行民營化，以及開放資本帳多完成於一九八〇年代末期到一九九〇年代初期。

一九八七年七月，台灣政府修改《管理外匯條例》，在那之後台灣中央銀行不再強制結匯，而是讓民間可在一定的規範內持有外匯。當時的政府之所以會做出這樣的決策，最主要原因其實與我們在第3章提到，台灣在一九九〇年的萬點大泡沫有著密切關係。由於在修改外匯管理條例之前，台灣央行採行的是盯住美元的固定匯率制度，因此外匯存底出現快速的累積，對內出現房地產與股市的泡沫危機，對外則是美國頻頻施加壓力希望新台幣升值，因此最後台灣政府只得開放資本帳，並放寬新台幣的浮動區間，最終讓新台幣在短時間內出現了大幅度的升值。

值得注意的是，新台幣大幅升值的初期，例如在一九八六年到一九八七年間，金融帳是呈現大量流入的現象。這些資金的匯入多是著眼於新台幣未來的升值空間，同時也推動了股市與房地產價格的上漲。然而，新台幣的升值對於出口的競爭力是有負面影響的，也因此我們從第128頁的圖3.4可以看出，台灣經常帳順差的高峰是落在一九八七年，在那之後就出現較大幅度的縮減。

當實體經濟因爲新台幣的升值而受到影響後，經常帳的順差規模就開始減少，新台幣的升值空間也開始縮小、在新台幣資產價格也上漲到一定的程度之後，這時金融帳的資金就開始出現了流出的現象。我們可以看到自一九八八年到一九九〇年之間，金融帳流出的金額是逐年遞增。搭配前述經常帳受到新台幣升值，而逐漸縮減的現象來看，台灣的外匯存底在一九八八年到一九九〇年間，出現連續三年減少的現象，也說明這三年間台灣基礎貨幣的投放是減少的，連帶的讓廣義貨幣年增率也快速降低，台灣的股市萬點泡沫於是就在一九九〇年破滅，如圖 5.6 所示。

台灣在利率市場化以及開放民營銀行的過程中，也衍生出一些問題。台灣政府於一九八九年修改銀行法之後，完全實現了利率的自由化，並於隔年開始接受新銀行的申請，且於一九九一年核准了十五家新銀行。

如同我們前述所做的分析，開放民營銀行加入後，市場的競爭必然會更爲劇烈，而這將會影響銀行業的獲利能力。我們從表 5.1 中可以發現，不論是從淨值報酬率或資產報酬率來看，台灣銀行業的獲利能力都在逐漸下滑，其中國營銀行由於失去了過去寡占的特許優勢，下滑的幅度也相對較大。

圖 5.6 台灣開放資本帳後，資金先流入後流出

左軸：台灣金融帳（單位：十億美元）；右軸：美元／新台幣（單位：元）

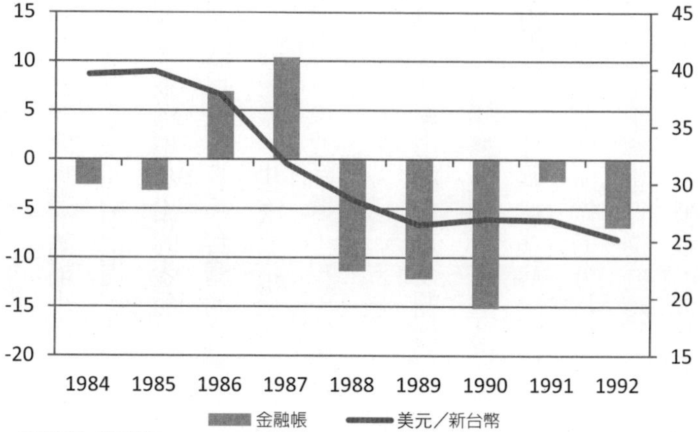


資料來源：中央銀行。

表 5.1 利率市場化及開放民營銀行後，銀行業獲利逐年遞減

（單位：%）

| | 國營銀行 | | 民營銀行 | |
|---|---|---|---|---|
| | 淨值報酬率 | 資產報酬率 | 淨值報酬率 | 資產報酬率 |
| 1993 | 22.9 | 0.8 | 4.1 | 1.3 |
| 1994 | 19.9 | 0.9 | 5.2 | 1.1 |
| 1995 | 17.3 | 0.7 | 5.3 | 0.7 |
| 1996 | 14.8 | 0.7 | 6.9 | 0.8 |
| 1997 | 15.6 | 0.8 | 9.9 | 1 |
| 1998 | 12.9 | 0.8 | 5.1 | 0.4 |
| 1999 | 8.6 | 0.5 | 5.3 | 0.5 |
| 2000 | 3.6 | 0.24 | 4.46 | 0.43 |
| 2001 | 1.05 | 0.06 | 3.12 | 0.36 |

資料來源：中央銀行。

開放民營銀行之後，許多財團背景的業者出現了超貸及浮濫貸款的現象，而這樣的問題在一九九七年的亞洲金融風暴之後開始爆發，也形成一九九八年下半年台灣所發生的本土金融風暴。在那之後，許多民營銀行出現被掏空、經營不善並面臨倒閉的現象，台灣政府始於一九九九年一月修改《存款保險條例》，改爲全面投保，而二〇〇一年則是通過《行政院金融重建基金設置及管理條例》，做爲這些經營不善的金融機構重整並退場的機制，台灣政府與人民在這過程中耗費了相當多的資源。

## 健全金融制度降低開放衝擊

現在的中國所要面對的，其實與二十多年前的台灣幾乎是一模一樣的情境，只不過規模大上許多罷了。我們從前面的分析所可以了解的是，金融市場的開放可以帶來長遠的利益，尤其對於人民幣這樣具備成爲國際儲備貨幣條件的市場更是如此，然而，在開放的過程中卻必須臨淵履薄，因爲任何一項開放都可能成爲金融危機的導火線。

在這樣的情境下，我們可以看到的是，中國政府對於金融體系逐漸架起了安全網。例如，在存款準備金率的部分，即便中國銀行體系在二〇一三年中曾出現短暫的「錢荒」，但人民銀行仍讓存款準備金率維持在二〇%的歷史相對高檔水準。此外，中國銀監會於二〇一三年正式實施《商業銀行資本管理辦法（試行）》，在該辦法中對於銀行資本有著更爲嚴格的規定與要求，預計在二〇一八年全面實施並與國際接軌。除了在監管部分之外，中國相關單位也積極研議「存款保險」制度，一般預料將會於二〇一四年推出，屆時將能給予存款戶更多的保障。

從中國政府逐漸拉高金融體系的安全係數來看，我們可以預期的是，中國或許在不遠的將來會開始加速利率與匯率的自由化，二〇一三年九月二十九日掛牌的上海自由貿易區，其實就是一個開端。不過，以中國目前資產泡沫的嚴重程度，強化監管或可降低一些傷害，避免風暴擴大，然而，金融開放的過程中仍然避免不了要面臨資產價格調整的問題，中國浮誇的泡沫經濟已經走到了尾聲。

## 破滅，世界工廠

從前面的分析我們可以發現，不論是外部環境改變或是內部因素調整，都可能引爆中國的泡沫，其中至爲關鍵的因素分別爲美國退出量化寬鬆，及人民幣國際化的相關改革。這樣的過程直接影響到的是中國的貨幣供給，而貨幣供給又分別影響了實體經濟與房地產的發展。

在實體經濟部分，第2章提到中國企業的高負債問題，而貨幣的緊縮將會加重債務的負擔，不論是對地方政府或者企業來說都是如此。然而，更嚴重的問題在於中國的產能過剩，因爲這代表著這些企業面臨高度競爭的環境，再加上第4章提到已開發國家減赤、貿易壁壘、迷你世界工廠崛起、製造業回流美國，以及美國在軍事、政治與經濟上的「亞洲再平衡」政策，這些都會降低中國企業的盈利與還款能力。

當這些企業的負債成爲銀行的呆帳，就會降低銀行的再放款能力，市場上的資金還會出現進一步的緊縮。此外，近年來由於中國房地產價格持續攀升，許多的企業也涉入了土地與房地產的開發，當這些企業的實體營運出問題，也會回過頭來影響房地產的市場，那些經濟體質較爲脆弱，使用高度槓桿的地區將會率先出現問題，近年來的溫州其實就是一個最好的例子。

## 溫州就是中國的縮影

次貸風暴過後，全球經濟自二〇〇九年的谷底開始復甦，加上各主要國家的印鈔救市政策，讓各種大宗商品的價格開始由谷底攀升，例如國際糧食價格在二〇一〇年十二月突破了二〇〇八年的高點後，再創歷史新高，這讓許多糧食進口國飽受物價上漲之苦。中國的消費者物價年增率在二〇一〇年十月突破了四％的目標區，來到了四．四％，中國人民銀行也因此在同月開始啟動新一輪的升息循環。

二〇一〇年十二月，北非的突尼西亞爆發「茉莉花革命」，而這樣的革命活動後來進一步演變為「阿拉伯之春」，蔓延到了中東與北非的多個國家，石油價格開始出現上漲。二〇一一年二月，革命運動來到了北非的產油國利比亞，這讓西德州原油價格由每桶九十美元以下，快速推升至每桶超過一百一十美元，而這就更進一步的推升了全球物價，中國的消費者物價年增率到了二〇一一年七月已經來到六．五％的波段高點，而一年期的貸款利率也在同月來到六．五六％的次貸後新高，相較於次貸期間的五．三一％，已經大幅拉升超過一％了。

面對高漲的通膨問題，中國政府除了通過貨幣政策調控之外，為了平息民怨，以避免發生如北非的革命事件，因此也多次的調升基本工資。這麼一來，高工資、高利率、高原物料價格、高土地成本，加上持續升值的人民幣，對於中國的製造業來說就形成一大打擊。

溫州，一直以來都是中國民營企業的重鎮。我們曾在第2章提到中國近年來「國進民退」的發展現象，許多的中小型民營企業不容易透過正常的金融管道籌措所需要的資金，不論是直接金融或間接金融都是如此。也因此溫州的企業多半是透過民間借貸的方式來取得資金，根據中國人民銀行溫州支行所公布的一份〈溫州民間借貸市場報告〉顯示，溫州在二〇一一年有八九%的家庭個人和五九．六七%的企業參與民間借貸，整個民間借貸規模高達一、一〇〇億人民幣。

這樣的借貸一開始仍然以實體經濟的投資爲主，然而如前所述，自從次貸以後，中國的製造業環境持續在惡化當中。民營企業一方面要負擔高利率的民間借款，另一方面則是面臨著企業利潤的縮水，許多企業因此選擇將資金投入房地產，或者加入民間借貸的行列，這也是我在第3章中所提到的，房產泡沫是經濟發展失敗的結果。

大量的資金由實體經濟湧向了房地產市場，這讓溫州的房價出現了大幅度上漲，在第157頁的圖3.14與圖3.15中，我們可以發現溫州房價在二〇〇九年與二

○一○年分別爲中國七十大城市中，漲幅排名第二名與第七名的城市。

然而，好景不常，前述在二○一○年末到二○一一年間，中國實體經濟環境的惡化及利率的高漲，讓溫州企業出現經營困難現象，而在民間借貸的高利率與高槓桿之下，許多民營企業無法繼續營運下去，自二○一一年中開始爆發「溫州走佬潮」。實體經濟的崩壞加上金融體系的斷鏈，終將問題推向房地產市場，如圖 5.7 所示，溫州房價在二○一一年十一月見到了最高點後開始滑落，到了二○一三年底已經下跌二九%。房地產持有

圖 5.7 溫州房價於 2011 年底見頂並開始下跌

2010/06 ～ 2013/12 溫州各月份平均房價（單位：人民幣元／每平米）

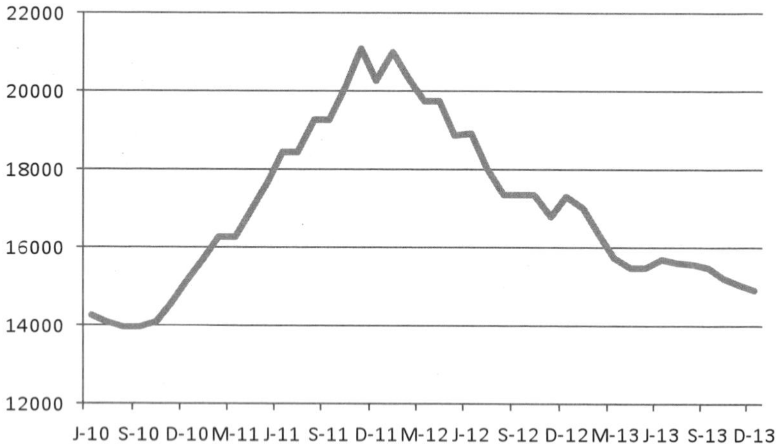


資料來源：搜房網。

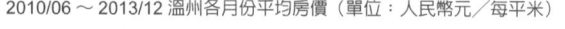

者的損失金額已經超過購屋的自備款，因此出現許多的「溺水屋」，走佬潮再度爆發，只不過這次拋下的不是實體的產業，而是房地產，銀行體系則是承接了大量的房屋與壞帳，即便地方政府開放限購令，也沒有辦法挽回頹勢。根據中國溫州銀監分局的統計資料顯示，溫州銀行業在二〇一三年十月不良貸款額達人民幣三一一．三億元，不良貸款率四．三一%，持續創下歷史新高，部分銀行的不良貸款率甚至突破了一〇%。

溫州房地產泡沫的形成與破滅，其實就是整個中國經濟的縮影。同樣是因爲實體經濟的環境惡化，致使原欲刺激實體經濟的寬鬆貨幣流入房地產市場，而形成泡沫，接下來緊縮的貨幣則是刺破這個泡沫的一根針。

不一樣的狀況在於，溫州多爲中小型民營企業，而民間借貸的槓桿與利息負擔相對偏高，以至於當中國內部調升利率的過程中，這樣脆弱的資金鏈就首當其衝的斷裂了，溫州的走佬們從拋棄實體產業便成了拋棄房地產。

我們在本章提到，美國量化寬鬆的退出將會是中國資產泡沫的導火線，因爲它會同時對中國的實體經濟與貨幣供給產生負面的影響；此外，中國內部的金融改革同樣也會產生類似資金緊縮的效果，這種全面性的資金緊縮與去槓桿，將會影響到中國所有城市的房地產價格。這樣資金凍結的過程就有如我們處於冰天雪地之中一樣，末梢肢體將會率先出現凍傷的現象，中國的房地產也會由一線城市以外的地區率先反應，最終則是輪到一線城市的下跌。

## 政府無法改變經濟趨勢

只要是泡沫，終會有破滅的一天，這是經濟運作亙久不變的規律。

然而，卻有一種觀點認爲，中國並非完全的市場經濟體制，因此房地產價格在政府的控制之下，只會持續的往上漲，而債台高築的各地方政府，由於只能靠著出售土地來籌措財源，更是不可能讓房地產價格下跌。

中國地方政府的財政確實有日益困難的現象，而出讓土地也就成爲近年來地方政府籌措資金的主要來源，根據中國審計署於二〇一三年的《第三十二號公告》所揭露的〈全國政府性債務審計結果〉顯示，二〇一二年省市縣三級政府出讓土地收入占債務餘額的三七．二三%。但是土地的供給是有限的，因此長遠來看各地方政府是不可能持續的出讓土地來換取資金的，而房產稅的推出正是爲了調整地方政府財政與土地稅收的政策。

目前房產稅僅於重慶及上海試點，而爲了平衡地方財政同時控制土地價格，房產稅在未來幾年內必然會擴大實施，屆時各地方政府也就沒有誘因去哄抬地價，創造一個又一個的地王，這也勢必對於房價的上漲有一定的抑制作用。

那麼，如果房產稅不推出呢？房地產價格是否仍持續上漲？

關於這個題目我們不需要用太複雜的理論去解釋，只要看看溫州的房價就知道了。這個城市在二〇一〇年底，溫州師院的一塊土地以三七．〇二億人民幣成爲全中國的地王，然而，這塊地王最後並沒有變成中國的樓王，溫州的平均房價近兩年來下跌了近三〇％，而許多豪宅的價格更是出現了腰斬。

出現類似問題的，還包括三亞、海口，以及貴陽這類城市。二〇〇九年到二〇一〇年正是海南熱炒「國際旅遊島」的時候，二〇一〇年十二月上映的中國電影《非誠勿擾2》中，更是極力的宣傳海南的風光，我們從第 157 頁的圖 3.15 就可以發現，包括三亞與海口在二〇一〇年分別占據中國七十大城市漲幅的前兩名，然而，這樣的榮景並沒有延續下去。

根據搜房網的百城房價資料顯示，海口房價從二〇一〇年六月到二〇一三年底，共下跌了二五％，而同期間三亞房價則是下跌了一二％。然而，全中國的房價在同一期間則是上漲一九．八一％，前述這些城市的房價並沒有跟隨著大部分中國城市一起上漲。

那麼，這些地方政府為什麼無法維持房價上升的軌道呢？這些地方政府難道不需要靠賣土地來償還債務嗎？事實上，根據中國銀監會的一份統計數據顯示，二〇一二年海南省政府的負債比例高達九三．一八%，位居全中國之冠，理論上，最具有賣地還債誘因的省份卻仍無法支撐房地產的價格，其實也就說明，任何一個國家的政府，不論其經濟體制如何，多無法阻止經濟規律的自然運作，當然也無法阻止泡沫的破滅。

# 第 6 章

# 再見，世界工廠

中國夢歸根到底是人民的夢，
必須緊緊依靠人民來實現，必須不斷爲人民造福。

——— 中國國家主席習近平

做爲一個世界工廠，似乎無法避免要經歷泡沫與大蕭條的過程。這樣的挑戰在一九三〇年代的美國及一九九〇年代的日本都曾經發生過，然而，最終兩者卻是走上了完全不同的方向。美國在一九二九年的大蕭條之後成功的走出困境，調整產業的結構並進入下一個經濟成長的階段，一直到現在他仍然是全世界最大的經濟體；而另一個國家，日本，則是在泡沫破滅之後陷入了經濟發展的困境，走不出停滯的泥淖，經歷了失落的二十年。

那麼，目前的世界工廠，中國呢？

還記得二十一世紀剛開始時，曾有一段話是這麼說的：「十九世紀是英國人的世紀，二十世紀是美國人的世紀，而二十一世紀則是中國人的世紀。」關於這樣的敘述，我認爲它確實有一定成就的條件，只不過十九世紀的英國有工業革命、二十世紀的美國有電腦與網路革命、那麼，二十一世紀的中國呢？

雖然我們在這本書中的大部分內容是在描述中國的問題，然而，資產泡沫或產能過剩並非是無解的困境，我們從美國的發展史就可以了解這個現象。也就是說，資產泡沫的破滅並非是經濟發展的絕症，無法提升生產效率並創造出更多具有價值的商品與服務才是，而這也正是日本這個經濟體在泡沫之後就一蹶不振的眞正原因。

對於現在的中國來說，房地產泡沫的破滅是必然的，也因此，更為重要的是，泡沫破滅後的中國會是什麼樣的景象？中國是否能從泡沫之中重新再站起來？中國能否提升生產技術與能力？這將決定中國的未來究竟會是像美國一樣，邁入另一個新的成長階段；或是步上日本的後塵，進入失落的二十年；這也將決定我們會與中國這個世界工廠說再見，或者，再見到一個嶄新的世界工廠。

## 泡沫破滅後的景象

美國於二〇一四年初開始縮減量化寬鬆購債規模，並可能於接續的一兩年之間開始升息，而這樣的過程將會如第4章所述，我們將會再次見到美元出現如一九九四年到二〇〇一年的牛市循環。美元的升值將會先對經濟體值孱弱的國家產生影響，例如長年經常帳逆差、外匯存底不足以支應外債的印度、印尼、巴西、南非、土耳其，以及阿根廷等國，將要在歐元區與美國等已開發國家經歷債務危機與去槓桿之後，接著上演新興市場的貨幣與債務危機。

當這些國家的貨幣大幅貶值之後，將會同時對中國的經常帳與金融帳產生影響，並且緊縮中國的貨幣供給。此外，中國的內部改革政策，如利率自由化、匯率自由化、房產稅等等措施也會影響到中國金融體系的運作。在這些因素的交互影響之下，中國房地產泡沫的破滅已成定局，那麼，泡沫破滅後的中國會是什麼樣子呢？

關於這點，我們從美國與日本這兩個過去的出口導向世界工廠，他們在重大資產泡沫過後會發生什麼樣的問題或許就可以了解。

## 一九二九年美國大蕭條

第一次世界大戰爆發於一九一四年七月，當時整個歐洲大陸都捲入了這場戰爭。由於戰爭的破壞，讓歐洲的主要生產設備均出現停擺現象，包括基礎糧食與工業製品都是如此，而與協約國（英、法、俄、義）關係良好的美國就成為歐陸的主要物資供應商，連帶包括其鄰國加拿大也雨露均霑的成為物資輸出國之一，這些國家因而從這次的戰爭中獲得了不少的利益。

一九一七年，美國正式向德國宣戰，但在不到一年後，一次世界大戰就宣告結束，美國也得以向戰敗國求償取得為數龐大的賠款。當時美國的地位就猶如一九八〇年代的日本或者現在的中國一樣，不僅僅是全球主要的世界工廠與出口國，同時也是最大的債權國。他可以說是一次世界大戰之後的最大受益者，然而，這卻也爲一九二九年的大泡沫埋下了伏筆。

當時全世界採行的是金本位的貨幣體系，也就是每個國家的貨幣可發行量必須仰賴相對應的黃金存量。一九一四年到一九一七年之間，由於歐洲各國向美國採購大量物資，因此美國的黃金儲備就出現了快速的累積。根據傅利曼（Milton Friedman, 1912～2006）在《美國貨幣史》（*A Monetary History of the United States, 1867–1960*）一書中的資料可以發現，在這短短的三年之間，美國的黃金儲備就增加了五〇％，而背後的意義就是美國貨幣供給在同期間出現大幅度的成長。

美國於一九一七年宣布參戰之後，鑒於同盟國無法支付更多的黃金，於是美國便同意讓盟國以信用交易的方式來向美國購買所需要的物資，這使得當時的貨幣制度暫時脫離黃金本位制，並大幅滲入信用的成分。當戰爭結束之後，戰敗國必須支付戰敗賠償予協約國成員，而當初向美國以信用交易購買物資的協約國成員，就用這筆賠款收入來支付當初所積欠美國的資金，因此，在一九二〇年到一九二四年間，美國的黃金儲備又出現了第二次的增長，這次同樣出現約五〇％

的漲幅，總計一九一四年到一九二四年的十年之間，美國的黃金儲備總共增加一二五%。

當大量黃金儲備流入美國金融體系後，美國出現了大幅信用擴張，貨幣供給快速增加，使得美國國內的農業與工業投資出現快速成長。當時美國的股票市場只要需要一〇%的自有資金即可以融資買進股票，因此美國道瓊指數在黃金儲備快速增加的同一期間，則是由不到一〇〇點的數字大幅上漲了兩倍。

這段時間的北美洲，包括美國與加拿大被稱爲是咆哮的二〇年代，無論是在科技、建設、經濟與文化上都出現了大幅度的轉變。由於美國在其對於歐洲的出口中獲得了龐大利益，也進一步推升了美國本土的經濟成長與消費能力，汽車、廣播、電話、鐵路、公路，以及電力設備的需求在這段時間出現了驚人成長。

然而，這樣榮景並沒有持續下去，戰爭結束之後，歐洲國家的經濟開始回復相對平穩的發展，這些國家致力於戰後本土產業的重建，咆哮的二〇年代也開始在幾個主要歐洲國家顯現，二〇年代後半的歐洲經濟高速發展，被稱作「黃金二〇年代」。

當歐洲國家開始建立起自己的生產體系，同時使用相對低廉的生產要素時，他們對於美國商品的需求就會開始降低，其中部分國家甚至開始控制本國對於美國商品的進口，藉以保護本土產業，這使得黃金流入美國的速度開始趨緩。戰爭期間，美國曾出口大量的物資到歐洲各國，加上黃金儲備的流入刺激了大量的投資，一旦歐陸各國開始建立起本土的生產能力，單靠美國自己的內需市場便無法撐起過去大量的實質投資與產出，使得實質面的供給開始超過需求，美國的農產品市場因而出現了暴跌的走勢。

此外，在美國金融市場，聯準會開始一連串的緊縮信用。它在一九二九年八月開始將利率由三．五%調升至六%，股票融資利率則是從五%調高到二〇%，雖然股市在短期內仍然維持上漲趨勢，但道瓊指數在一九二九年九月三日達到波段高點之後便開始出現反轉走勢，一九二九年十月二十八日與十月二十九日道瓊指數分別重挫了一二．八二%和一一．七三%，雖然股市在一九三〇年出現了短暫的反彈，但這只是強弩之末，股市接著出現緩跌，一直到一九三二年七月八日，道瓊指數跌到波段低點四一．二點，相較於一九二九年的最高點三八一．一七點來說，股市跌幅高達八九．一九%。

除了金融資產價格的崩跌之外，美國的實體經濟更是遭遇了嚴重的衝擊，我們在第4章提到的貿易壁壘，則是讓美國大蕭條更為惡化的主要原因之一。

全球貿易額的下滑使得產能過剩的情形越趨嚴重，許多廠商無法將商品銷售出去，因此必須裁員與削減產能，而這麼一來就讓全世界的總需求再度下滑，廠商們只得削價競爭並造成更多的企業倒閉，沒有太多的行業得以倖免。許多的農場主人大幅度銷毀過剩的農產品，把過剩的小麥與稻米當作燃料，將牛奶倒入密西西比河，讓整條河變成了「銀河」。產能過剩與削價競爭讓所有的商品價格都出現巨幅的下跌，從一九二七年到一九三三年，美國連續七年出現通貨緊縮的現象，如圖6.1所示。

反映在企業與金融體系方面，從一九二九年到一九三三年

**圖6.1 1929年大蕭條期間，美國出現數年的通貨緊縮**

美國1914年到1940年各年度消費者物價指數年增率（單位：%）

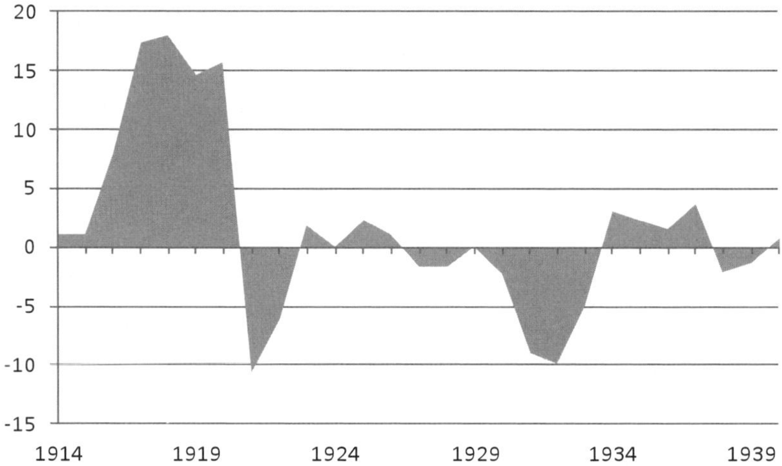


資料來源：美國勞工統計局（Bureau of Labor Statistics）。

這三年中，美國共有五千家銀行倒閉，至少十三萬家企業破產。從一九二九年第四季到一九三三年第一季，美國經濟出現了連續十四個季度的經濟負成長，連帶的使失業率快速攀升。一九二九年的失業率僅二·五%，之後失業率迅速上升，一九三三年達到創美國紀錄的二五%，這意味每四個勞動人口人中就有一人失業，總計當時美國共有一千三百多萬人失業，平均每年增加的失業人數為三百萬人左右。

這便是史上著名的一九二九年大蕭條，從咆哮的二〇年代到蕭條的三〇年代，改變只在一夕之間。

## 一九九〇年日本大泡沫

我們在第3章曾提到日本一九九〇年的泡沫，外匯存底快速增加及其背後所代表被大量釋放的巨額貨幣為當時日本泡沫的主因。

一九九〇年，日本央行的升息開始產生效果，而在一九九〇年三月，日本大藏省（現為財務省）發布《關於控制土地相關融資的規定》，對房地產的資金貸放進行總量控制，這樣的作法使得以土地做擔保的貸款出現了極大風險，並導致支撐日本經濟核心的長期信用體系陷入崩潰，日本各大銀行的不良貸款紛紛開始浮現，緊接著企業倒閉、銀行出現巨額虧損並緊縮信用，接下來展開的便是泡沫的破滅。

在日本的泡沫經濟期間，日本幾乎所有的大型企業都投入了房地產行業，事實上這與近年來中國各大企業紛紛轉向開發土地資產的現象相當類似。然而，泡沫破滅之後，國際信評機構持續調降日本金融機構的信用評等，導致日本金融機構在國際金融市場的籌資難度加大，成本提高。金融機構只得提高貸款門檻、嚴審貸款資格、縮小貸放規模，但這麼一來使得許多企業無法取得所需的資金，而進一步出現倒閉潮，形成信用緊縮與去槓桿化的惡性循環。根據OECD的統計，日本在泡沫破滅後的一九九〇年到一九九六年之間，相對於一九八九～一九九〇的高峰來看，整體國家的資本損失高達九六七．三兆日圓，約當於日本兩年的GDP產值。

房地產的暴跌使得許多房地產業者與建築業者的資產大幅縮水，在去槓桿化的循環之下，根本無力償還銀行貸款因而倒閉，雖然銀行持有土地擔保品，但隨著土地資產價格的崩跌，金融機構仍然蒙受了極大的虧損，部分金融機構甚至還出現資金周轉失靈等問題，並導致大型銀行相繼破產或出現整併。中小金融機構的破產更是不計其數。日本政府爲了穩定金融體系，不得不向日本金融機構投入大量的資金，以處理因銀行倒閉遺留的問題，光是第一波的金融穩定基金就高達五兆美元，約當於日本年度GDP的一二·六%。

在整個一九八〇年代，日本的實質國內生產毛額維持著相當亮眼的成長率，平均約有四·五%的成長率，反觀當時最大的經濟體美國，在一九八〇年代大多數的時間，其經濟成長率是低於日本的，平均約僅有三·四%的成長率，這也無怪乎傅高義在當時會寫下《日本第一》一書，因爲若這樣的趨勢能持續下去，日本確實很可能眞的成爲世界最大的經濟體。

但這樣的預言並沒有實現，在一九九〇年的泡沫破滅之後，日本的經濟就像洩了氣的皮球一樣，自一九九一年到二〇〇〇年間，日本的平均實質國內生產毛額年增率僅有一·二%，反觀美國則是高達三·四%；而到了二〇一〇年，日本不但沒有追上美國，還被後來居上的中國給超越，落後爲全世界第三名的經濟體。

與美國的一九二九年大蕭條相同，日本在一九九〇年的泡沫破滅之後，也出現了大量的企業與銀行倒閉現象，消費者物價指數年增率則開始出現下滑的趨勢，之後則是出現長時間的通貨緊縮現象，如圖6.2所示，一直到了現在，日本仍未脫離這經濟蕭條的局面。從美國與日本的經驗來看，世界工廠的崛起與泡沫，以

圖6.2 日本在1990年之後出現長期的通貨緊縮

日本1989年～2005年各年度消費者物價指數年增率（單位：%）

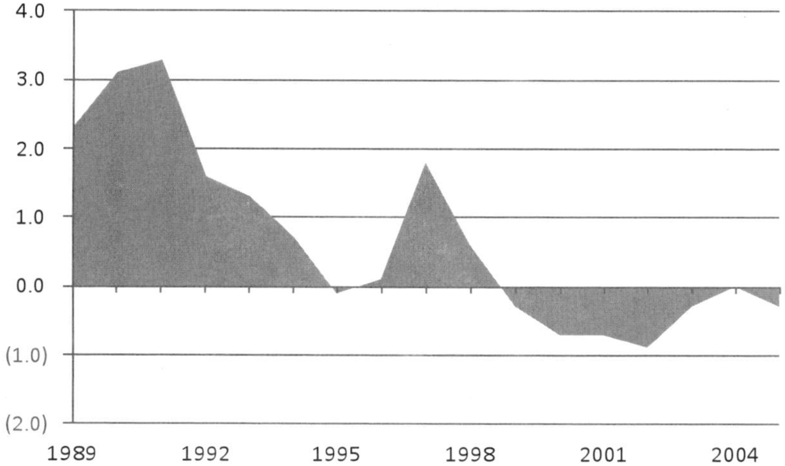


資料來源：日本國家統計中心。

及接踵而來通貨緊縮式的大蕭條之間，似乎注定是脫離不了關係的。

## 中國無法避免的通貨緊縮

中國的房地產泡沫破滅之後，毫無疑問的也會像美國與日本一般陷入通貨緊縮式的蕭條，不論是從實體經濟，或是從金融體系的發展來看都是如此。

首先在實體經濟的部分，我們在第2章提到目前中國存在著嚴重的產能過剩問題，這樣的產能過剩一方面來自於政府的政策性補貼，另一方面則是來自於人民銀行阻升人民幣匯率下所創造的國外超額需求，包括傳統產業或者是高科技產業都面臨了相同的問題。

在第4章提到已開發國家減赤、貿易壁壘、迷你世界工廠崛起、製造業回流美國等未來趨勢。第5章所提到的美元新一輪牛市循環則是會讓一些新興經濟體因爲貨幣大幅度貶值而提升出口競爭力，相對來說，在人民幣持續升值的背景之下，中國的出口競爭力就相對的被削弱了，前述這些變化都會讓中國龐大的超額產能瞬間變爲閒置產能，而前述這些因子，在美國一九二九年的大蕭條期間及日本一九九〇年的泡沫經濟期間也多有發生過。

中國的生產者物價指數年增率自二〇一一年七月開始便一路下滑，到了二〇一二年初則是開始出現負成長。這也說明了當中國製造的商品因爲關稅或競爭力問題而無法出口到其他國家時，就只能回過頭來在國內銷售，而在產能過剩的背景之下，嚴重的殺價競爭就無法避免。這樣的現象只能在部分企業不堪虧損退出市場後才有可能緩解，例如近年來全世界的 Dram 產業就是在部分業者退出市場之後，才恢復到一個合理的均衡市場。否則，在全球消費仍疲弱的背景之下，產能過剩與價格持續下滑的問題將會持續存在於中國，並且越演越烈。

在金融體系方面，我們在第5章曾說明美元在開始新一輪牛市循環之後，將會讓中國的國際收支順差因此縮減，這也表示中國的外匯存底累積速度及基礎貨幣的投放規模將會下降，外部環境的變化啓動了這第一階段的貨幣緊縮。當這樣的貨幣緊縮戳破了房地產泡沫之後，就進入了第二階段的緊縮，這時則是由內部金融體系去槓桿與改善資產負債表過程所啓動的。

在第一階段的貨幣緊縮中，銀行的貸放行爲會出現明顯的變化。

由於廣義貨幣M2是由基礎貨幣乘以貨幣乘數而得，因此當基礎貨幣的投放速度減緩之後，在貨幣乘數不變的假設之下，市場上的廣義貨幣供給速度也會隨之減緩。在貨幣供給減少之後，銀行便無法像過去一樣進行浮濫放款，而是必須仔細篩選貸放的對象與內容，這麼一來，在市場上最需要錢的高風險族群反而因此借不到錢，因爲這些貸款將會率先被回收，金融界將這樣的行爲稱爲「雨天收傘」。

雖然這些銀行的本意是希望能夠降低風險並提高利潤，但是當高風險族群因此無法取得貸款時，卻反而可能加速整個高風險資產價格下跌的過程，進而提升系統性的風險。因爲當一家銀行開始緊縮高風險放款時，這個別銀行的風險確實是降低了，然而，當整個銀行業都這麼跟進的話，卻很容易讓市場上的高風險資產被集體拋售，而使得價格出現快速崩跌，整個金融體系的風險反而因此大幅度的上升，這就是所謂合成謬誤（Fallacy of Composition）。

這也是爲什麼中國的外匯存底增量自二〇一〇年起開始減少之後，在二〇一一年會發生溫州走佬潮、二〇一二年各大銀行開始在季底搶存款、到了二〇一三年甚至發生了錢荒，最後讓中國銀行業在二〇一三年起開始減少並停止房地產相關的貸放的原因就是如此，而在中國推出存款保險機制，銀行需要自負經營風險之後，這樣的風險趨避行為就會更為明顯。

在第一階段的貨幣緊縮之後，高風險低利潤的貸款金額將會開始縮減，或是拉高放款利率，而這樣的改變將會由利率敏感度最高的放款開始出現問題。以美國為例，二〇〇七年的風暴便是由次級貸款開始引爆。當信用最差的一批借款人開始還不出錢了，銀行就會把這批資產列入呆帳，這麼一來就會減損銀行的自有資本並降低資本適足率，所以銀行必須再進一步的調整資產品質與放款政策，緊縮的動作將因此會擴及原本信用良好的貸款人，這些貸款人的擔保品價格也會因此受到影響。

這樣的現象最終將不僅只於影響房地產或相關的放款，而是會遍及於整個金融體系及所有的實體產業，因為銀行將會出現全面性的緊縮，問題將會從金融面擴及實業面，就如同骨牌一樣，沒有人能夠倖免。

當泡沫破滅後，啓動的將是第二輪的緊縮，也就是去槓桿與改善資產負債表的過程。

由於泡沫破滅之後，資產價格將會大幅度的減損，然而負債的部分卻不會因此而減少。舉例來說，若我們擁有兩百萬的現金，而無其他負債時，這個時候我們個人的資產負債表上便擁有兩百萬的資產及兩百萬的權益。若接下來以一千萬購入一棟房子，其中貸款部分爲八百萬，那麼這時的資產負債表上就呈現了一千萬的房屋、八百萬的負債及兩百萬的權益，我們會發現舉債購屋的行爲並沒有改變權益的數字，只不過是同時放大了負債與資產的規模，也就是使用了較大的財務槓桿而已。

在房屋價格上升的狀態之下，假設房價漲了三〇%，那們在公平市價的基礎下，資產負債表上的資產與權益同時增加了三百萬，如果這個時候出售了房屋，那麼資產負債表的房屋會變成一千三百萬的現金，這部分在償還了八百萬的負債之後，還剩下五百萬的現金，也就是說投資者用兩百萬的本金賺了三百萬，因此資產項目變成五百萬，權益項目也是五百萬，財務槓桿的效果相當明顯。

反過來說，如果房價下跌了呢？

假設房價下跌了三〇%，那麼這棟房子的市值就只剩下七百萬，這個時候出售了房子雖然可以取得七百萬的現金，然而尙有八百萬的負債須要償還，也因此資產負債表上的資產在償還負債後不僅已經歸零，負債的部分還有一百萬，權益的部分則便成了負一百萬，投資者一開始的兩百萬本金變成了負一百萬。

我們從這樣的例子便可以發現，房地產其實是一種高財務槓桿的投資工具，只要價格下跌一定的幅度，購屋者的財務狀況便立刻成了淨負債，這個時候購屋者會怎麼做呢？一種方法是如溫州的走佬潮一般，既然房地產的市價無法抵償負債，成了「溺水屋」，那麼索性將房地產交由銀行處理，自己一走了之，事實上，溫州過去著名的「炒房團」在近年來已經成為「棄房團」了。

銀行業者面對這樣的問題，多半會提高貸款成數與貸款利率來平抑風險，更有甚者則是直接停止房地產的貸款，另一方面則會透過市場拍賣的方式來出售手上的「棄房」。前述這些措施則是會進一步的對市場上的房地產價格產生壓力，進而引發更多的棄房潮。

倘若購屋者選擇繼續償還負債而非棄房呢？

事實上，這可能是多數中國購房者會採取的作法，只不過採取了這樣的方式，就必須進入漫長的資產負債表修補期。以前述負債一百萬元的例子來看，這個購屋者未來必須靠本業收入來償還負債，他無法像過去的炒房者一樣透過高槓桿的方式來持續滾出更龐大的資產規模，而在這過程中他也很難再向銀行取得更多的貸款，當然，在償債的過程中其消費能力將會被大幅削弱。

在前述的趨勢之下，當銀行放款與民眾借款的意願雙雙降低之後，貨幣乘數也會隨之降低，因爲多數人思考的是如何償還債務而非借款。我們前面提過廣義貨幣M2是由基礎貨幣乘以貨幣乘數而得，基礎貨幣已經因爲國際收支順差的趨緩而減少，而貨幣乘數則是因爲借貸的意願降低而下降，這麼一來整個金融體系的廣義貨幣就會隨之減少，這也是爲什麼我們在第3章中可以發現，幾個東亞國家的金融泡沫破滅之後，貨幣供給均快速下滑的原因。當貨幣供給下滑之後，實質利率就會隨之提升，這麼一來除了對房地產又是另一股壓力之外，更多的民眾很可能會由借款者轉變爲存款者，甚至是寧願持有現金，金融體系創造貨幣的能力就會進一步被打了折扣。實體經濟的產能過剩與資產泡沫的破滅在這個時候將會出現交互的影響，中國將無可避免的要進入通貨緊縮的蕭條期。

## 通縮，是新一輪成長的開始

我們在第1章曾經提到，通貨緊縮不必然會對經濟造成傷害，相反的，在某些條件之下它甚至是生產力提升與技術進步的結果。雖然在通貨緊縮的過程中可能帶來企業倒閉、失業與資產價格的大幅度下跌，然而，它卻也可能是新一輪成長的開始，如圖6.3所示，中國在一九九七年到二〇〇二年之間便出現了多年的緊縮期，然而在那之後卻是迎來了高速成長的十年。

爲什麼通貨緊縮可能會是新一輪成長的開始？

通貨緊縮實際上是一種生產過剩的現象，這樣的現象是來自於企業的過度投資，而當企業無法賦予產品更低的價格或更高的價值時，這些企業所生產的商品在特定的價格之下只有部分的消費者願意消費，而多出來的部分就是過剩的產能了，例如我們在第1章所提到趙五生產馬車的故事，或者眞實世界裡面的汽車產業都是如此。

這樣的問題最後會通過兩種方式來解決。一種方法是隨著時間的過去，不堪虧損的企業將會陸續退出市場，這麼一來市場中的超額產能就會減少，而許多的資源例如資金、人力與土地等將會投入到其他產業，讓整體市場的資源使用效率得到提升，這正是我們在第1章中所說的，經濟的成長取決於生產，而生產效率的提升則是成長的關鍵。

另一種方式是在產能過剩的產業中，有某些企業使用了新技術或新的生產方式，以提供市場更便宜或更具價值的商品，而這麼一來就會加速其他業者退出這

**圖 6.3 中國在 1997 年到 2002 年間為通貨緊縮期**

中國 1992 年～2004 年各年度消費者物價指數年增率（單位：%）

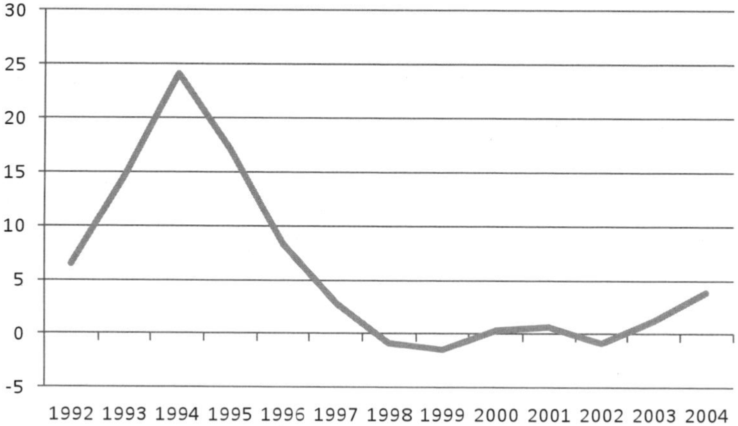


資料來源：中國國家統計局。

個市場。這樣的過程同樣讓多出來的資源得以投入到更具有價值的產業，也會讓整體的經濟發展更有效率。

不論是前述哪一種型態，都會有大量的業者退出市場，並且出現失業，而這個時候擁有充裕現金的企業將能夠以低於市場價格的條件，來收購這些廠房與機械設備，這麼一來，反而創造了比過去或比起其他國際同業更低的生產成本與競爭條件，長期來看或許還能吸收過去的失業人員甚至創造更多的就業。例如，美國美光在日本與台灣業者退出 Dram 產業後，收購日本爾必達的資產就是一個最好的例子。

在通貨緊縮的環境下，絕大多數的資產相對於現金來說都會呈現貶值的趨勢，也因此眾多生產要素的成本也可望在這過程中降低，例如土地、廠房、租金等，這也爲存留下來的企業提供了一個更爲合適的經營環境。

反過來說，如果中國政府不欲經歷這樣的通貨緊縮過程呢？

其實中國在二〇〇八年的四萬億救市方案便是一個反通貨緊縮的過程，各種補貼與刺激消費政策紛紛出籠，希望透過提振消費的方式來緩解產能過剩的問題。這樣的思維認爲產能過剩是需求不足所造成的，這當然是一種邏輯上的謬誤，也因此當這些補貼取消之後，過剩的產能還是存在，甚至於還不斷的增加，經濟問題只會變得更嚴重而已。

通貨緊縮從頭到尾就只是一個經濟體發展的過程，而不是終結。最終市場的資源將會在這過程中得到更爲妥善的分配與運用，以迎來下一階段的成長。不論是既有產業尋求突破，或者將資源投入到新的產業都是如此，而這也正是我們老生常談的產業升級。

中國的改革開放是在文化大革命結束後啓動的，中國過去的黃金十年則是經歷了一九九七年起的房市與股市蕭條期才開始，而如果我們攤開中國改革開放的三十年，更是可以看到這個國家其實是一路跌跌撞撞，摸著石頭在過河。

因此面對中國即將破滅的房地產泡沫與隨之而來的通貨緊縮，我認爲這過程雖然絕對不會如官方所說的那樣天下太平，但是也不會是如末日論者所說的，中國將就此一蹶不振，中國在這次的蕭條過後，究竟會是如一九二九年的美國展開另一階段的成長，或者如一九九〇年的日本進入失落的二十年，其結果將取決於中國政府將如何來應對泡沫破滅後的中國。

## 再見，世界工廠

中國在二〇一二年的人均國內生產毛額爲六、〇九一美元，約當於一九七二年的美國、一九七七年的日本、一九七五年的德國、一九八八年的台灣，以及一九九〇年的韓國。這些國家在接下來的十年間，人均國內生產毛額分別成長了一三八．七三%、二二六．七二%、五一．二%、一〇四．九%，以及八四．四一%。

中國在二〇一二年人均國內生產毛額最高的省份爲江蘇省的一〇、八二七美元，這個數據則約當於一九七八年的美國、一九八四年的日本、一九八六年的德國、一九九二年的台灣，以及一九九五年的韓國。這些國家在接下來的十年間，人均國內生產毛額分別成長了一〇二・四七%、二五九・八四%、一二八・三七%、二六・一六%，以及五三・〇四%。

也就是說，不論是由全國平均或是由人均國內生產毛額最高的省份來看，中國仍存在著一定程度的成長空間，關鍵只在於中國政府要如何透過改革來釋放這些成長的動能，一如過去改革開放以來的三十多年一樣。這也決定了我們究竟是要跟中國這個世界工廠說再見，還是在這泡沫過後能夠再見到一個嶄新的世界工廠。

## 從勞力到資本

在雁行理論的基礎下，各種商品會在不同發展程度國家間出現移轉現象，這中間最主要原因在於不同國家的生產要素成本條件有所差異，而各種商品則是會選擇最具生產效率的國家落腳。

人口紅利消逝、貿易壁壘、迷你世界工廠崛起等發展趨勢，將會讓中國在勞動力密集的產業失去相對競爭力，然而，這並不代表中國經濟會就此沉淪。

如果我們觀察開發中國家與已開發國家的產業間差異，最明顯的特徵應該就是從高度使用勞力到高度使用資本了，在開發中國家由於資本相較於勞力是一種稀缺的資源，因此許多工作都會以勞力為主，無論是生產線的組裝、車站的售票或者農地的開墾都是如此；而在已開發國家，這些工作則是被自動化生產線、電腦售票與農耕機械所取代，因為這些國家的資本相對於勞動力來說是較為充裕的。

中國目前在紡織產業的競爭對手包括印度、越南與孟加拉，而後面這三個國家在二〇一二年的人均國內生產毛額分別為一、五〇一美元，一、七五三美元與七九七美元，與中國的六、〇七一美元有著不小差距。這也說明了這些國家目前的經濟型態仍是以勞動力密集產業為主，反之，中國則是逐漸的增加資本投入來提升人民的生產能力。在這樣的發展下，假以時日，中國並不必然會完全被這些低勞動成本的國家所取代，也不見得會因為人口紅利的消逝而呈現長期蕭條。我們在第1章提到英國在工業革命之前也因為印度的低成本勞力，而在紡織產業受挫，然而在工業革命之後，紡織機的生產成本反而低於人工生產，英國也得以因此反過來出口紡織品到印度。

台灣與韓國在人均國內生產毛額六千美元左右時，也正是由勞力密集型產業轉變為資本密集型產業的時候。因為開發中國家最缺乏的資源就是資本，而中國在改革開放初期便是希望靠著充裕的勞動力來累積資本，以做為未來發展的基礎。

三十多年過去了，現在的中國已經不缺資本，缺乏的是如何讓資本做更有效率運用的機制。

## 從壟斷到開放

在第2章中提到中國近年來在各產業中出現了「國進民退」的現象，而這也是中國資源使用無效率的主要原因之一。中國的國有企業在許多產業形成了壟斷或寡占的地位，只不過這樣的地位並非是透過自由市場的競爭，多是透過政府的補貼或特許機制而來，例如電信、鐵路、石油、航空、醫藥、郵政與銀行等。

然而，在這樣的條件下所形成的壟斷多半是無效率的。除了民眾可能需要為這樣的壟斷付出更高的成本來取得商品與服務之外，對於一般企業來說，這些上游或周邊產業的壟斷，也會增加企業的營運成本並削減利潤，而這對於中國未來經濟的發展自然是不利的。

舉例來說，中國的銀行業資源多是直接或間接的掌握在政府手中，在這樣的背景之下，國有企業的資金取得成本比起民營企業就低上許多，許多經營不善的國有企業仍然比民營企業容易取得銀行貸款，而這也是為什麼溫州的民營企業必須走向民間借貸的主要原因。

簡單來說，在人為壟斷的環境之下就會出現資源配置錯誤現象，而這絕對不利於中國的長期發展，在本書中所提到中國大部分的問題其實都是源自於人為的干預。中國未來的改革方向必須在多方面從壟斷走向開放，而這樣的作法長期來看，將有助於提升各產業投資效率以及利潤率。

## 從土地到實業

我們在第3章曾提到房產泡沫是經濟發展失敗的結果，這是因為實體產業的利潤率持續下滑，以至於寬鬆的市場資金最終選擇了投入房地產市場而非實體產業。

如前所述，現在的中國並不缺乏資本，缺乏的是如何讓資本做更有效率運用的機制。倘若房地產價格持續的上升，或者企業的投資利潤率持續的下滑，那麼市場上的資金必然會持續停留在房地產市場。反過來說，如果中國經濟想要成功轉型，那麼就必須拉近資金投資在實體產業與房地產間的報酬率差距，進而讓更多的資金導入實體產業。

要達成這樣的目標，一是讓實體產業的報酬率上升，另一個則是讓房地產的利潤率下滑，或者是兩者的同時發生。若要讓實體產業的報酬率上升，清理過剩產能就是必須的，這也是爲什麼我會認爲通貨緊縮的過程反而會是新一輪成長的開始，因爲它帶來的是新的產業秩序；而房地產利潤率的下滑，其中一種方式就是透過泡沫破滅的硬著陸形式，這也是爲什麼我會認爲房地產泡沫的破滅並非經濟發展絕症，因爲它可能讓資金能夠重新導入到實體產業。

簡單來說，禍兮福所倚，福兮禍所伏。

我們在第5章曾提到台灣在八〇年代的金融改革與開放，包括利率自由化、匯率自由化、開放民營銀行等政策。之後雖然在一九九〇年遭遇到股市與房地產的泡沫破滅，傳統的輕工業與銀行業也在那之後逐漸沒落，然而，藉由前述的改革卻也開啓了台灣電子島的十年盛世。

在中國過去這黃金十年的背後，衍生出產能過剩與房地產泡沫的問題，而想要解決這樣的問題，就避免不了需要進入通貨緊縮的蕭條期。然而，這樣的通縮期並非經濟發展的終點，我們從其他經濟體的發展來看，現在的中國仍有著相當大的成長空間，只要中國能夠堅定改革開放的路線，未來，我們或將會看到一個嶄新風貌的世界工廠。

## 轉型的中國，轉變的世界

在中國改革開放初期，或許沒有多少人相信這個國家有朝一日會成爲全世界第二大經濟體；而看到中國在過去的黃金十年及次貸期間相對於美國和歐洲的亮眼表現，也沒有多少人相信，在前面等著中國的其實是通貨緊縮式的蕭條期；我也相信，等到中國眞的進入了蕭條期之後，屆時應該也沒有多少人相信中國有朝一日可能透過改革，而轉型成爲一個不一樣的世界工廠吧？

這樣的轉變須要一段不算短的時間，同時也取決於中國政府的智慧，而以習近平、李克強政府所提出的改革方向來看，大致上都是朝著正確的方向前進，接下來就看這些改革究竟能夠落實多少內容，而這樣的過程不僅會帶來一個不一樣的中國，也會帶給這個世界一些不一樣的變化。

## 中國人民幣即將進軍大聯盟

中國將進入通貨緊縮式的蕭條，這表示相較於人民幣而言，中國國內各式的資產價格將會出現大幅度下滑。這段時間擁有充裕現金的個人與企業將能夠以相當便宜的價格來收購諸如土地、廠房、機械設備，或者是瀕臨倒閉的企業股權，而這些收購者也將成爲日後中國再起之後最大的贏家。

人民幣除了對內的購買力增加以外，對外也將延續緩升的腳步。從經濟層面來看，只要中國保持著國際收支順差，那麼人民幣仍會維持緩升的局面，關於這點其實並不會有太多的疑問，因爲日圓在日本一九九〇年的泡沫破滅之後，仍然維持長期緩升的局面，最主要原因就是因爲它仍然擁有長期的經常帳順差，直到福島核災後的能源危機才改變了這個趨勢。

那麼當中國的資產泡沫破滅之後，是否可能出現短暫的資金外逃，屆時人民幣是否還能夠維持升值的趨勢，而不至於出現崩盤呢？

這個問題我們應該由中國長期發展利益的角度來思考。

人民幣國際化應會是中國未來幾年最重要的改革項目。正如同季辛吉所說：「控制了貨幣，你就控制了整個世界。」歐洲在布雷頓森林體系瓦解之後便失去了對於美元的信任，因此經過了多年的運作終於在二〇〇〇年爲了擺脫美元的控制而創立了歐元。中國身爲美國國債最大的外國持有者，自然也會有同樣的想法，如果能夠成功讓人民幣國際化，便可以逐步擺脫美元的控制，對於中國來說這將會是繼加入世界貿易組織之後最大的突破。

然而，人民幣要國際化還得需要持有者的認同，上至其他國家的央行，下至個人的投資者都是如此。這麼一來，中國政府必須要維持人民幣安全、可靠甚至於持續升值的形象，至少在它取得一定的市場地位之前必須要如此。這也說明了，即便中國的資產泡沫破滅引發了資金外逃，讓人民幣出現短期貶值現象，但中國政府很可能會進行干預，以避免人民幣出現大幅度波動甚至於崩跌的可能。然而，不同於近年貨幣出現大幅度貶值的印度、印尼與巴西等國家，中國擁有超過三・八兆美元的外匯存底，應有餘裕來應對這種短時間的資金外流衝擊。

從過去的經驗來看，港幣與人民幣在一九九七年的亞洲金融風暴期間因著中國政府的干預，而未如鄰近國家的貨幣出現大幅度的貶值，這些經驗都說明了中國政府確實有條件讓人民幣的匯率維持在相對高檔位置，只要他們願意這麼做。

## 美國繼續引領世界前進

人民幣的崛起對於美國來說，是個重大警訊。

在第2章曾提到美國獨特的「資本輸入」經濟運作模式，倘若美元無法維持其國際主要儲備貨幣的地位，那麼美國的經濟模式將無法持續下去，美元將會出現大幅貶值，而美國也將會被迫付出極高的利率來發行政府公債，這樣的發展絕對是美國所不願意見到的。

對於美國來說，幸運的是目前另一個主要儲備貨幣歐元仍困在主權債務危機的問題當中，歐元區要完全解決這樣的問題恐怕還需要一些時間，另一個可能躍居主要儲備貨幣的人民幣則是還在剛起步的階段，美國仍然有時間去改善美國的基本條件，而我在《美元圈套》一書中已經詳盡說明了美國再起的理由，現在的美國也確實往這樣的方向在前進。

本書一再強調的觀念是，生產才是經濟成長的基礎，而生產效率的提升則是持續成長的關鍵，也因此能夠持續創新並擁有新技術的國家往往都能夠走在前頭。八〇年代的英國有工業革命，九〇年代的美國有電腦與網路革命，而對現在的美國來說，最重要的就是行動網路與頁岩氣革命。前者創造出許多新的服務與商業模式，當然也摧毀了許多舊有的產業，例如個人電腦就在這股行動網路熱潮中逐漸的沒落；後者則是爲美國的能源開啓了新頁，這就有如英國在工業革命中，以蒸汽取代獸力做爲動力來源一樣，將會改變美國製造業的生產結構，帶來新一輪的工業革命，這兩項技術將會讓美國在未來的幾年繼續領導著全世界的發展。

只不過美國在這兩項技術的優勢並不會永遠持續下去，因爲後進者可以直接模仿，並使用更低的成本與設備來跟進這些技術，一如當年英國的工業革命，最後是在大陸型的美國與德國發揮得淋漓盡致一樣。美國的這一輪行動網路熱潮可能會結束於接下來幾年全世界的4G網路興建工程，就像二〇〇〇年的網路泡沫最後結束於過度鋪設的纜線一樣；而根據美國能源局的預估，美國可能因爲頁岩油的開採而在二〇一六年超越沙烏地阿拉伯，成爲全世界最大的產油國，但這個榮景恐怕只能支持到二〇二〇年，並在二〇三〇年再度讓出冠軍寶座。

當這兩項技術開始成熟甚至沒落的時候，屆時美國能夠再開發出什麼樣的技術以延續其經濟的發展目前尚不得而知，倘若那個時候美國尚未開發出新的技術來提升生產力，而是老調重彈的運用貨幣政策來解決經濟問題，那麼或許就是美國新一輪的資產泡沫以及美元熊市的開始了。

然而，只要全世界一流的人才仍繼續的湧向美國，而美國所塑造出來的開放自由環境仍能持續的吸引這些新移民，那麼，美國或許就長時間來看仍能持續維繫著領導世界的地位，其他的國家如中國若想要追上甚至超越美國，恐怕還得在吸引人才的方面多加努力才行。

## 亞洲成為最新的火藥庫

人民幣希望能夠爭取到一席市場地位來分享權力，而美元則是希望維持獨大的格局，這中間的角力就體現在亞洲的政治、軍事與經濟的動態，關於這點我們在第4章已經提過了。而在中國陷入通貨緊縮式的蕭條之後，這樣的現象只會更為嚴重。

我們在第1章曾經提到，中國在一九八八年的嚴重通膨、一九八九年的硬著陸，以及六四天安門事件之後興起了一陣愛國主義運動。這類的愛國主義運動的主軸多半圍繞在維護國家統一和領土完整性，並且塑造一種反西方的氛圍，以強調中國共產黨執政的合法性。

中國接下來在資產泡沫破滅後所進入的經濟蕭條期，毫無疑問的也會引發大規模的民怨，然而，經濟的調整是需要時間的，也因此在蕭條期間中國政府也只能讓槍口一致對外。這樣的問題不會只發生在中國，美國的量化寬鬆結束之後，新興市場的資金也會大幅度緊縮，這些國家面對不斷貶值的貨幣與上升的通膨，同樣的也只能把問題丟向海外，在這樣的背景之下，亞洲在接下來的幾年將會成為全世界衝突最激烈的地區之一，而這也是為什麼美國會在這個時間點選擇「亞太再平衡」戰略的原因。

只不過亞洲並不容易變成實際的戰場，因爲這些國家沒有一個想要眞正的發生戰爭，包括中國、日本、東南亞國家，以及美國在內都是如此，多半只是希望透過這樣的方式來移轉內部問題而已。也因此亞洲頂多就是成爲一個火藥庫，而這麼一來受益最大的就是出售軍火的國家了，例如俄羅斯應會出售許多的軍火予中國，而美國則是持續的出售武器設備給中國包圍網周邊的國家。

然而，美國在亞洲的盟國們不盡然都有充裕的資金能夠進行軍購，也因此美國的亞太再平衡戰略不只是在政治與軍事上的合作，同時也包括經濟上的發展，《跨太平洋戰略經濟夥伴關係協定》的推廣就是著眼於這個目的。

這些國家在加入《跨太平洋戰略經濟夥伴關係協定》後，能夠取得他們在下一階段發展所需要的資源，例如以紡織成衣業爲主的越南及菲律賓可以藉此取得輸美零關稅的條件，相對來說，他們就較中國的出口業者取得了相對競爭優勢；而日本這樣的國家則是可能取得美國的液態天然氣做爲核能的替代品。這些國家在量化寬鬆退場後的貨幣貶值加上前述的利益，將可協助他們重建經濟發展的道路，而這些國家取得經濟上的利益之後，就會回過頭來拿這筆錢來向美國購買美債與軍事設備，成爲美債新一輪的支持者，一如當年在冷戰期間的沙烏地阿拉伯一樣。

亞洲經濟情勢的緊張只會是經濟調整期間的過度議題，最終這些國家將會分別走上新的發展道路。中國，如前所述將會轉型爲資本密集的產業型態，而在人民幣國際化之後，中國的金融服務業也會隨之蓬勃發展，尤其是在直接金融的部分。另一方面，東協及南亞國家則是會承繼中國過去發展的道路，成爲一個又一個迷你世界工廠，一如當年日本泡沫破滅後，釋出許多的產業發展機會到亞洲四小龍一樣。

## 中亞、東歐與非洲等邊境市場成為中國的後花園

面對亞洲逐漸成型的中國包圍網，中國同樣的以經濟發展爲出發點，在全世界尋找合適的同盟夥伴。我在《美元圈套》一書中曾寫道，人民幣國際化的途徑之一就是海外的直接投資，然而，會接受人民幣大幅投資的絕對不會是歐洲或美國這類擁有自己主權貨幣的已開發國家，而是擁有各種天然資源又欠缺基礎設備的邊境市場。

根據中國國務院所發布的二〇一三年《中國與非洲的經貿合作白皮書》

顯示，中非貿易占非洲對外貿易的比重從二〇〇〇年的三・八二%增加到二〇一二年的一六・一三%，呈現出明顯的上升趨勢，而中國對非洲各國直接投資，也由二〇〇三年的四・九億美元，上升到接近二百億美元，其中由中國斥資一百三十八億美元的東非世紀鐵路，更已於二〇一三年底動工。

這樣的投資，自然是希望藉此取得非洲的各式天然資源，例如礦產、糧食與能源等，因爲這樣的作法不但可以建立能源與糧食的自主權，同時也能夠擴大人民幣國際化的使用範圍。

中國這樣的模式不僅運用在非洲國家，例如中亞的土庫曼、哈薩克與烏茲別克分別爲中國提供了天然氣、石油，以及各種礦產，而東歐的波蘭有著豐富的頁岩氣資源、烏克蘭則是可能成爲中國農牧產品的主要供應國，中國總理李克強在二〇一三年底成爲首次訪問羅馬尼亞的中國總理，並出席在布加勒斯特舉行的中國—中東歐國家領導人會晤。

這些與中國交好的國家將能從中國獲取一定的利益，但另一方面這背後所牽涉的國際利益卻也可能帶來不穩定的政局。例如，獨裁國家的利比亞曾是中國的主要油源，然而，在茉莉花革命中其領導者格達費最後在二〇一一年被反對派槍擊身亡，中國的北非油源也因此出了問題，其他可能出現動亂的還包括剛於二〇一一年獨立的南蘇丹，及在歐美和中俄之間搖擺的烏克蘭。

中國試著以他的方法來突破這樣的中國包圍網，也爲這些盟國帶來不一樣的未來。

## 台灣向左走，向右走？

如果要我說中國成功轉型後受害最大的是誰，我想那應該就是台灣了吧？

我們在第5章提到台灣在八〇年代金融自由化的過程，這樣的開放促使了台灣產業的轉型。在新台幣的升值趨勢之下，舊有的勞力密集輕工業逐漸出現整併與轉型，資源則是投入了新興的資本密集電子產業，而這也是台灣在九〇年代得以成爲電子王國的主要原因。

九〇年代末期的亞洲金融風暴後，台灣中央銀行開始採行長期阻升匯率政策，在那之後台灣的外匯存底不斷的累積，一方面釀成了台灣在近年的房地產泡沫，另一方面台灣的產業無法藉由自然淘汰進行轉型，直到現在仍然是停留在上一個十年的電子製造產業。

不一樣的是，九〇年代的電子業多半選擇在台灣生產，二〇〇〇年以後的電子業則是多將生產基地移到海外。根據經濟部統計處的資料，一九九九年時，台灣接單在海外生產的比例爲一二·二%，而到了二〇一三年，這個比例已經達到五二·九%，其中電子相關產業的海外生產比重幾乎都在五〇%以上，而若以國家別來看，海外生產的選擇地點則有九〇%以上是選擇在中國大陸。

二〇〇〇年全球在產業的發展上，雖然表面看起來是網路泡沫，但實際上卻是電腦時代沒落的開始。台灣的電子產業從那個時候本應開始逐漸的進行整合或轉型，但靠著將生產基地移往中國大陸，透過當地相對便宜的生產要素，諸如勞工、土地、廠房，當然也包括相對不重視環境汙染、智慧財產權，以及勞動環境等，再加上台灣所提供的廉價資金，才得以讓台灣的電子業榮景得以延續下去，然而從實質上來看，這些產業所能創造的附加價值卻正在不斷的滑落。

中國現在的人均國內生產毛額約當於台灣在一九八八年的水準，正是台灣轉型爲電子業的開始，現在的中國也正在走向轉型爲資本密集產業的過程。然而，現在的台灣產業還停留在資本密集的電子製造業，隨著中國相關產業的快速增長，兩岸的經濟已經從互補走向競爭，而台灣的利基正一點一滴的在消逝當中。

一直以來，中國都亟欲扶植自己的科技產業，例如在面板產業就有京東方與華星光電兩家大型業者，而華星光電更是有著TCL這個中國本土電視品牌做爲出海口。在二〇一二年的四月，中國宣布將三十二吋以上的面板進口關稅由三%恢復至五%。在中國政府的政策支持下，中國電視業者採用該國面板的比重越來越高。根據DisplaySearch的資料表示，在二〇一二年第一季只有一〇．一%，而到了年底已經竄升到二七%，這個比重已經與韓國業者相當，並且威脅到了台灣企業。除此之外，中國政府也在二〇一三年針對三星、LG，以及台灣的友達、群創、華映與彩晶的價格壟斷行爲提出罰款，刻意保護本土企業的意圖相當明顯。若台灣企業無法持續的創造出更高的價值，那麼中國企業自然會迎頭趕上，即便中國沒有刻意的打壓台灣企業，但競爭力的停滯不前就足以讓台灣業者退出市場。

現在的台灣與中國一樣，都面臨資產泡沫的問題，同樣的也遇到人口紅利衰退的問題。不一樣的是，相對於人均國內生產毛額只有六千美元的中國，現在台灣的人均國內生產毛額已經到了二〇、三八六美元，也就是說我們的基期是高出中國很多的，這也說明台灣在這次的泡沫過後，想要繼續往上的難度將會比中國難上許多，更有可能的則是走上日本的後路。

我在《誰把台灣經濟搞砸了》一書中曾提出台灣經濟問題的解決之道，那就是尋求一個更爲自由開放的經濟環境，事實上這也是中國目前解決經濟發展困境的藥方。中國在《三中全會全面深化改革若干重大問題的決定》中曾引述一九九二年鄧小平的《南方談話》：「不堅持社會主義，不改革開放，不發展經濟，不改善人民生活，只能是死路一條。」而在《決定》中更明確表示將使市場在資源配置中起決定性作用和更好發揮政府作用。反觀台灣，政府仍然希望做一個大有爲的政府，制訂更多的產業政策，對於利率與匯率執行更多的管控，這一來一往之間，讓人一下子搞不清楚，究竟哪一邊才是社會主義國家了。

對於現在的台灣來說，最重要的問題就是該選擇向左走，還是向右走。

在政府制度上，我們應該選擇向左走，讓政府來決定如何分配與運用資源；還是向右走，讓市場來決定什麼樣的產業最適合現在的台灣？在政治上，我們應該選擇在這中國包圍網中，向左走扮演一個突圍者；還是向右走，成爲包圍者的一份子？在經濟版圖上，我們應該選擇向左走，擁抱一個可能會成爲全世界最大經濟體的中國；還是向右走，面對一個更多元化的世界。

關於這些問題，我認爲是台灣讀者們在未來所應該優先思考的，我想讀了這本書的各位或許已經有了答案，而這些答案也就決定了台灣未來發展的命運。

結語

# 沒有勝負的戰爭

任何一個國家的發展都是有週期的，鮮少有國家會長期的繁榮，同樣的，也沒有多少國家會出現長時間的低迷。在經濟發展的過程中，與其希望能夠一帆風順、不要遇到任何的問題，更重要也更實際的，其實是這些國家會怎麼樣去解決所面對的問題，而這種解決問題的能力才是一個國家長期正向發展的根本。

未來幾年中國的資產泡沫必然破滅，而美國則是可望走出新局，表面上看起來是美國又再一次的成功衛冕世界霸權的地位，實際上則不然，因爲這樣的發展是讓各個國家解決各自問題的必要過程，我們所看到的結果是一場沒有勝負的戰爭，或者說，其實在這場戰爭中每個人都是贏家。

藉由通貨緊縮的蕭條期，中國可能讓資源重新做有效的分配，並進行產業結構的轉型，而人民幣也可望在國際化後取得一定的國際儲備地位，這些都是數年後讓中國經濟再起的重要條件。美國藉著行動網路與頁岩氣的技術打開新局，與亞洲國家的經濟合作則是找到了下一個美債的支持者，然而，這些優勢所能帶來的領先恐怕也就是幾年而已，在保存期限過後，美國仍然要再度接受新的挑戰。

與中國關係良好的邊境國家，在人民幣國際化及中國對於天然資源的需求下，將會逐漸的改變其經濟條件，例如東非未來幾年在基礎建設發展與經濟統合上，就會爲這個地區帶來一番新氣象。與美國靠攏的亞洲國家，在未來幾年則是可以從美國身上獲取所需要的經濟援助，例如日本需要液態天然氣、越南需要的是紡織品零關稅等，他們也都找到了未來發展的方向。

未來幾年，大多數國家不論是起或落，都找到了跟傳統世界工廠說再見之後的生存之道，這也是爲什麼我會認爲大部分國家在這樣的戰爭中，其實都是贏家的原因，而中美的世界霸權爭奪戰恐怕要到多年後的延長賽才能分出勝負了。

《再見，世界工廠》是我的第五本著作，而從內容型態上來看，它與《民國一〇〇年大泡沫》及《美元圈套》是一系列的作品。在這幾本著作中都引用了大量的史料，同時在思考上則是涵蓋了政治、軍事、產業與經濟等各個層面，讓讀者可以藉此了解在同一個時空背景之下，國際經濟的局勢變化是如何互相交錯影響的。我希望透過這樣的方式可以爲讀者建構一個更全面的思維，來探討全球經濟的運作與發展，當然，也希望這樣的作法對於未來能有更爲準確的預判，並對個人、對企業甚至於對國家的發展能夠有所幫助。

在《民國一〇〇年大泡沫》中，提到台灣資產泡沫的成形及貶值救經濟的不可行，台灣中央銀行在近期也都發表了類似的警訊與看法。在《美元圈套》中，我們提到美國再起、黃金退位、非洲蛻變，以及亞洲資產泡沫的破滅等趨勢，前三項也都已經實現，而《再見，世界工廠》中主要探討的就是第四項，亞洲資產泡沫的破滅以及破滅之後全球的變局。

我認爲這些著作能夠抓住正確趨勢並非偶然，一個更爲全面的思考方式必然是主要的原因。雖說是全面的思考，但畢竟還是屬於我個人的狹隘視角，我相信這中間仍不免會有疏漏與不足的部分。

所幸，我並不期待藉由這些著作成爲一個百發百中的預言家，只希望透過這些著作，讓讀者們再去重新思考我們處在一個什麼樣的世界，我們的國家在這樣的變局中是處在什麼樣的位置，我們的政府要把我們帶到什麼樣的方向，而我們又應該做出什麼樣的選擇。

若各位在讀完這本書後，能有一些思想上的啓發，我想，本書的出版也就有它的價值了。

# 後記

謝謝圓神出版集團多年來的支持與鼓勵，我們才得以一起完成《民國一〇〇年大泡沫》《美元圈套》，以及《再見，世界工廠》這泡沫三部曲。謝謝各位推薦人在百忙之中閱讀書稿，爲文推薦。謝謝我的太太麗心在工作忙碌、照顧孩子之餘還要協助校稿，並給了我很多寶貴的意見。最後，則是要謝謝各位讀者買了這本書，有了大家的支持，我們才得以持續創作出更好的作品，謝謝。

國家圖書館出版品預行編目資料

再見，世界工廠：後QE時代的中國經濟與全球變局 / 王伯達 作. -- 初版. -- 台北市：先覺，2014.04

312面；14.8×20.8公分 --（財經系列；47）

ISBN 978-986-134-228-3（平裝）
1. 經濟發展 2. 經濟危機 3. 中國

552.2 103001786

圓神出版事業機構 The Eurasian Publishing Group
用心與你對話・視野無限寬廣
先覺出版社 Prophet Press

http://www.booklife.com.tw inquiries@mail.eurasian.com.tw

財經系列 047

再見，世界工廠：
後QE時代的中國經濟與全球變局

作　　者／王伯達
發 行 人／簡志忠
出 版 者／先覺出版股份有限公司
地　　址／台北市南京東路四段50號6樓之1
電　　話／（02）2579-6600・2579-8800・2570-3939
傳　　真／（02）2579-0338・2577-3220・2570-3636
郵撥帳號／19268298　先覺出版股份有限公司
總 編 輯／陳秋月
副 主 編／王妙玉
專案企畫／賴真真
責任編輯／鍾旻錦
美術編輯／金益健
行銷企畫／吳幸芳・荊晟庭
印務統籌／林永潔
監　　印／高榮祥
校　　對／王伯達・王妙玉
排　　版／杜易蓉
經 銷 商／叩應股份有限公司
法律顧問／圓神出版事業機構法律顧問　蕭雄淋律師
印　　刷／祥峯印刷廠
2014年4月　初版
2014年5月　5刷

定價 300 元　ISBN 978-986-134-228-3